대한민국 1등 브랜드는 어떻게 탄생하는가

노희영의
브랜딩 법칙

KI신서 9436

노희영의 브랜딩 법칙

1판 1쇄 발행 2020년 12월 1일
2판 3쇄 발행 2024년 12월 23일

지은이 노희영
펴낸이 김영곤
펴낸곳 (주)북이십일 21세기북스

인문기획팀장 양으녕 **인문기획팀** 이지연 서진교 노재은 김주현
출판마케팅팀 한충희 남정한 나은경 최명열 한경화
영업팀 변유경 김영남 강경남 황성진 김도연 권채영 전연우 최유성
제작팀 이영민 권경민

출판등록 2000년 5월 6일 제406-2003-061호
주소 (10881) 경기도 파주시 회동길 201(문발동)
대표전화 031-955-2100 **팩스** 031-955-2151 **이메일** book21@book21.co.kr

ⓒ 노희영, 2020
ISBN 978-89-509-9278-1 03320

(주)북이십일 경계를 허무는 콘텐츠 리더

21세기북스 채널에서 도서 정보와 다양한 영상자료, 이벤트를 만나세요!
페이스북 facebook.com/jiinpill21 **포스트** post.naver.com/21c_editors
인스타그램 instagram.com/jiinpill21 **홈페이지** www.book21.com
유튜브 youtube.com/book21pub

서울대 가지 않아도 들을 수 있는 **명강**의! 〈서가명강〉
유튜브, 네이버, 팟캐스트에서 '**서가명강**'을 검색해보세요!

대한민국 1등 브랜드는 어떻게 탄생하는가

노희영의 브랜딩 법칙

노희영 지음

b!b!go

Market O

OLIVE O YOUNG

CGV

백설 SINCE BEKSU

절밥상

세상의 아침 ALL DA EN

삼거리

21세기북스

노희영

1988	파슨스디자인스쿨 졸업
1988	히노 디자인 대표
2003	히노 컨설팅펌 대표
2007~2010	오리온 라이즈온㈜ 콘셉트 개발담당 이사
2010	오리온㈜ 부사장
2010~2015	CJ㈜ 브랜드전략 고문
2015~2020	㈜YG푸즈 대표
2019~현재	㈜비앤어스 대표
2020~현재	㈜식음연구소 대표
2020~현재	㈜넥스트에이드 대표

브랜드 미다스의 손
바스타파스타, 궁, 호면당, 느리게 걷기, 마켓오, 비비고, 계절밥상, 제일제면소,
아워홈 인천공항 면세지역 푸드코트, 삼거리푸줏간, 쓰리버즈, 케이펍,
세상의 모든 아침, 사대부집 곳간, 곳간, 프로미나드, 평양일미, 퍼스트+에이드, 히노노리,
서울로 7017, 운중 더 디바인 등

브랜드 심폐소생술의 귀재
백설, CGV, 올리브영, 갤러리아 백화점 명품관, 뚜레쥬르, 투썸플레이스, 빕스, 다시다,
프레시안, 햇반, 해찬들, 쁘띠첼, 올리브TV, CJ오쇼핑, 몽중헌, 행복한콩, 이너비,
산들애, KFC 신메뉴 '마이징거버거', N서울타워 MD, The Place, St.Johns Hotel 등

천만 영화를 만든 마케터
〈광해〉(2012)
〈설국열차〉(2013)
〈명량〉(2014)
〈국제시장〉(2014)

Contents

Part 1
남다른 브랜드를 창조하다
"아무것도 믿지 마라. 내 최고의 경쟁력은 눈과 혀"

Part 2
더 나은 브랜드로 성장시키다
"무모한 모험이 아닌 계획된 도전을 한다"

"우리는 모두 브랜딩이라는 우주 속에서 살고 있다.
그 우주 속에서 미아가 될지, 우주의 주인이 될지는
오롯이 자신의 선택에 달려 있다."

브랜딩이라는 단어가 낯설게 느껴지는가? 무언가를 만들고, 마케팅하고, 그것을 팔기 위해 노력하는 모든 행위가 곧 '브랜딩'이다. 심지어 나를 표현하고 알리는 것 역시 '퍼스널 브랜딩'이니 결국 우리는 모두 브랜딩이라는 우주 속에서 살고 있는 것이다.

사실 인간이라는 존재는 늘 브랜드에 둘러싸여 있고, 브랜드를 통해 자신의 성향을 드러낸다. 누군가를 알고자 할 때 그와 대화를 나누고 경력을 묻는 것보다 그 사람이 어떤 브랜드를 사용하는지 살피는 게 더 정확한 정보를 주기도 한다.

여기서 말하는 브랜드는 거창한 명품이 아니라 그 사람의 라이프스타일 안에 있는 모든 것이다. 패션, 먹는 음식, 선호하는 TV 프로그램, 즐겨보는 유튜브 채널 등 그 사람과 맞닿아 있는 브랜드들에는 그만의 성향이 그대로 담겨 있다. 그만큼 21세기를 사는 사람과 브랜드는 떼려야 뗄 수 없는 관계다.

내가 아는 한 대한민국에서 가장 많은 브랜드를 만든 사람이자 대한민국 국민이 가장 많이 사용하는 브랜드를 만든 사람은 바로 나 자신, '노희영'이다. 여러분이 오늘 먹었던 음식, 보았던 콘텐츠 가운데 내 손을 거친 것이 하나쯤은 있을 정도다.

하지만 성공한 브랜드라는 훈장은 결코 쉽게 얻을 수 있는 것이 아니다. 나에게 일은 좌절과 투쟁 그리고 고집의 결과였다. 심지어 30년간 브랜드를 만들어온 지금도 여전히 브랜딩은 어렵고 조심스럽다.

아무리 철저히 계산하고 시나리오를 그려 브랜드를 만들어도 수많은 예외와 상상도 못 했던 변수가 발생한다. 반드시 예상치 못한 사고는 생기고 시련은 닥치기 마련이다. 하나의 브랜드가 자리 잡고 인정받기까지 그 안에는 조선왕조실록 만큼이나 많은 스토리가 담겨 있다.

이런 과정을 통해 내가 깨달은 한 가지는 '브랜딩이란 소비자와 진심으로 소통하며 진정성을 가지고 관계를 이어나가는 것'이라는 점이다. 소비자는 오감을 통해 제품을 느낀다. 제품의 로고나 패키지, 친구의 설명, 유튜브나 SNS에 회자되는 것만으로도 제품의 맛과 온도를 느낀다.

정성이 없고 고민을 거치지 않은 브랜드의 제품은 소비자에게 외면받기 마련이다. 그러니 소비자가 나의 브랜드를 어떻게 평가하더라도 결국 나의 진심과 진정성이 부족했음을 겸허히 인정하고 묵묵히 브랜드를 발전시켜나가야 한다.

나는 대한민국의 수많은 기획자, 마케터, 영업자, 디자이너, 자영업자 그리고 열정이 넘치는 젊은이들을 위해 출간을 결심했다. 브랜드와 관련된 일을 할 때뿐 아니라 퍼스널 브랜딩을 할 때나 새로운 일을 시작할 때, 어떻게 접근하고 도전해야 하는지 이 책이 그 해답을 줄 수 있을 것이다.

지금은 모두에게 너무나 절망적인 시기다. 나는 이 책에 담긴 나의 이야기를 통해 사람들이 시련 속에서도 자신을 갈고닦아 제대로 세상에 덤비는 싸움닭이 되길 소망한다. 그리고 그 싸움닭들을 응원하고 지지하는 멘토가 되길 자처하는 바이다.

2020년 11월
노희영

Part 1

남다른 브랜드를
창조하다

"아무것도 믿지 마라.
내 최고의 경쟁력은
눈과 혀"

Market O

chapter 1

마켓오

새로운 창조보다
'한끗' 차이를 만든다

"전에 없던 맛을 만드는 것은 발명이다.
먹거리에서 발명은 통하지 않는다.
기존 제품을 살짝 비틀 때,
소비자가 원하는
익숙하면서 더욱 맛있는 제품이 탄생한다."

가능한 만큼의 성공이 아닌
꿈꾸는 만큼의 성공을 준비한다

맛있는 이야기를 해보겠다. 세상에 노희영이라는 사람의 존재를
알려준 마켓오Market O 이야기다. 많은 사람이 마켓오를 과자 브랜
드로 알고 있지만, 사실 마켓오는 레스토랑으로 시작했다.

마켓오를 만들기 전 나는 이미 여러 레스토랑을 브랜딩했었
다. 1989년에는 청담동에 최초의 정통 이탈리안 레스토랑 '바스
타 파스타Basta Pasta'를, 1997년에는 같은 지역에 최초의 한식퓨전
레스토랑 '궁Goong'을 열었다. 그리고 2002년에는 최초의 누들 하
우스 '호면당'을, 2003년에는 테라스카페의 시작을 알린 '느리게
걷기'를 오픈했다. 영어 일색의 카페들 사이에서 문을 연 '느리게
걷기'는 도산공원 정원을 마주보는 곳에 있어 도심 속 남다른 힐

링을 느낄 수 있는 곳이었다.

이 매장들은 '최초'라는 타이틀을 달고 청담동, 신사동에서 큰 성공을 거두며 트렌드 세터trend setter들의 사랑을 받았다. 하지만 이 브랜드들에 소수는 열광했지만 많은 대중에게까지는 다다르지 못했다. 아직 대중을 사로잡을 만한 보편적인 브랜드를 만들지 못했다는 점은 나에게 콤플렉스로 남아 있었다.

나 자신의 한계를 넘기 위해 새롭게 론칭한 레스토랑이 마켓오였다. 마켓오만은 반드시 대중적인 브랜드로 성장시키고 싶었다. 특정 집단에 한정된 브랜드가 아니라 모두가 좋아할 만한 '확산형 모델'을 만들고 싶었다. 그래서 마켓오라는 브랜드의 가치를 입증한 후, 이 브랜드를 대중화시켜줄 기업을 찾아야겠다고 생각했다.

대부분의 사람들은 브랜드를 기획할 때 가능한 만큼의 성공, 즉 눈앞의 성공만을 목표로 삼는다. 그리고 거기까지의 과정만 머릿속에 그린다. 하지만 브랜드의 미래는 더 높은 곳에서 더 멀리 그려야 한다.

내가 마켓오 1호점의 성공까지만 바랐다면, 한때 유행했던 레스토랑에서 끝났을지도 모른다. 하지만 나는 기획 단계에서부터 마켓오 레스토랑이 성공한 후에 그것을 어떻게 확산시킬 것인지, 다음 스텝을 준비했다.

물론 눈앞의 성공이 급급한 상황에서 먼 미래까지 준비한다는 것은 쉽지 않다. 하지만 기획자가 손바닥만 한 그림을 그리느냐, 거대한 대작을 그리느냐에 따라 브랜드의 가치는 완전히 달라진다.

트렌드를 현실에 반영하는
첫 번째 도전자가 되라

마켓오의 'O(오)'가 오리온의 '오'인 줄 아는 사람이 많다. 하지만 마켓오의 O에는 두 가지 뜻이 담겼다. 첫 번째는 숫자 0이다. 0이라는 숫자는 기본을 뜻하면서, 유해한 것이 없다는 ZERO와 부족한 것 없이 가득하다는 FULL이란 뜻을 지닌다. 그래서 건강하고 좋은 것으로 가득하다는 의미로 브랜드에 O라는 글자를 넣었다.

두 번째 뜻으로는 유기농을 의미하는 오가닉Organic의 'O'다. 마켓오가 오픈한 2000년대 초반은 건강에 관한 관심이 점점 늘어나면서 세계적으로 유기농 열풍이 부는 시기였다. 하지만 우리나라에는 아직 유기농을 잘못 이해한 사람들이 많았다.

유기농이 국내에 알려지기 시작한 2000년대 초반에는 병충해 방지를 위해 경작 기간이 짧은 채소들을 주로 판매했다. 이 채소들은 허브류, 케일과 같이 쓴맛이 강한 잎채소였기 때문에 당시만 해도 '유기농=맛없다'는 인식, 한 걸음 더 나아가 '건강한 음식=맛없다'는 공식이 일반론처럼 확산되고 있었다. 실제로 마켓오 오픈 당시 기자들에게 가장 많이 받은 질문이 "유기농은 맛없지 않나요?"였다.

그래서 처음 마켓오를 만들 때 사용한 캐치프레이즈가 "맛있는 건강"이었다. 지금은 매우 흔한 문구지만, '유기농=맛없다', '건강한 음식=맛없다'라는 생각이 일반적이던 당시에는 꽤 파격적인 내용이었다. 나는 사람들의 편견을 깨고 건강하면서도 맛있는 음식이 있다는 사실을 알려주고 싶었다.

마켓오의 '마켓'은 시장, 말 그대로 슈퍼마켓을 의미한다. 미국에서 유기농이 유행하면서 유기농 재료와 음식만 파는 '홀푸드 마켓Whole Foods Market'이 문을 열었다. 이 슈퍼마켓은 큰 성공을 거두며 미국 전역과 영국으로 점포를 확장했다.

유기농이라는 트렌드가 세계적으로 확대되고, 마켓으로도 성공하는 사례를 계속 체크하면서 생각했다. 앞으로는 건강한 유기농 먹거리가 대세가 될 것이라고. 그래서 마켓오를 기획할 당시, 레스토랑을 넘어 유기농 마켓으로의 확대 가능성을 염두에 두고 '마켓'이라는 이름을 넣었다.

목적이 분명하다면, 손해를 보더라도 두렵지 않다

2003년, 건강한 유기농 레스토랑의 콘셉트로 강남 학동사거리에 마켓오 1호점을 오픈했다. 마침 1호점 앞에는 유명한 '캘리포니아 피트니스센터'가 있었다.

피트니스센터와 같은 건물에 현재 YG KPLUS의 고은경 대표가 원장으로 있었던 모델 에이전시 DCM이 있었는데, 에이전시 소속 모델들이 내려와 운동하곤 했다. 캘리포니아 피트니스센터가 모델이나 잘생기고 늘씬한 사람들이 많이 오는 곳으로 알려지면서 강남, 강북 할 것 없이 사람들이 몰려왔다.

마켓오에서 당시 판매하던 메뉴로는 닭가슴살 샐러드, 두부 샐러드가 있었는데 운동을 끝낸 사람들에게 안성맞춤인 요리였다. 덕분에 캘리포니아 피트니스센터에 다니는 사람 중 마켓오에 오지 않은 사람이 없을 정도였다.

이를 계기로 짧은 시간에 입소문이 퍼졌고, 마켓오 1호점은 오픈한 지 얼마 되지 않아 손익을 가뿐히 넘겼다. 대중들에게 긍정적인 반응을 얻자 나는 확신했다. 마켓오가 내가 찾던 '확산형 모델'이라는 것을.

마켓오가 성공한 후에 나는 어떤 기업과 함께 마켓오를 확장하면 좋을지 고민했다. 당시 마켓오를 인수할 만한 기업은 세 곳이었다. 오리온과 CJ, 그리고 롯데. 이 세 회사는 우리나라의 외식 사업부터 라이프스타일까지 모두 책임지고 있는 기업이었다.

이중 오리온과는 특별한 인연이 있었다. 이전에 오리온에서 '미스터 차우Mr. Chow'라는 웨스턴 차이니즈 레스토랑을 리노베이션해달라고 요청한 적이 있었다. 그곳은 미국 비버리힐스나 런던 여행 중 내가 자주 가고 좋아했던 브랜드였다. 그래서 만약 내가 맡게 된다면 확실하게 브랜드에 활력을 넣고 싶었다.

하지만 아무리 고민을 해도 나로서는 답이 나오지 않았다. 좋은 브랜드였으나 여러 복합적인 원인으로 이미 매출이 완전히 꺾인 시점이었다. 이때 제대로 리노베이션을 하려면, 새로 브랜드를 만들 때보다 두세 배로 투자해야 한다. 그래서 매출이 꺾인 시점에서는 리노베이션보다 새로운 브랜드를 만드는 편이 가성비 면에서 효율적이다.

하지만 최고의 랜드마크였던 그곳에 폐점이라는 사망선고를 낼 수도 없었다. 게다가 이곳은 미스터 차우가 직접 설계에 참여하고, 세계적인 조명 디자이너가 조도까지 하나하나 신경 쓴 장소이기도 했다. 오리온은 미스터 차우를 살리기 위해 어떤 제안도, 어떤 비용도 받아들일 자세가 되어 있었다. 그런 분위기에서 이 프로젝트를 거절한다는 것이 정말 쉽지 않았다.

이때 모든 정황을 알게 된 오리온 측에서는, 무리한 요구를 해도 들어줄 텐데 그러지 않는 나의 진실성에 높은 점수를 주었던 것 같다. "이 사람은 돈을 준다고 해서 뭐든지 하지 않고, 심사숙고해서 결정하는 사람이구나" 하고 생각했던 것 같다. 결국 그 거절이 좋은 인상을 남겼나 보다.

그런데 마켓오가 손익을 넘기던 시기, 마침 오리온에서 연락이 왔다. 오리온은 다른 프로젝트 건으로 연락했는데, 나는 그 프로젝트 대신 마켓오 이야기를 꺼냈다. 브랜드의 콘셉트와 고객들의 반응이 어떠한지 열정적으로 설명했다.

그리고 3주 뒤 오리온에서 마켓오 매수를 검토하고 싶다는 연락이 왔다. 대기업치고 굉장히 빠른 결정이었다. 그렇게 마켓오를 확장형 모델로 만들겠다는 나의 목표에 한 걸음 가까워지는 듯했다.

하지만 여기서 끝이 아니었다. 마켓오 레스토랑은 투자자와 함께 만든 곳이었다. 이제 마켓오 투자자를 설득할 차례였다. 투자자에게는 마켓오 기획 초기부터 브랜드를 키워 대기업에 인수시키겠다고 했었는데, 지금이 그 시점이라고 했다.

나는 그들에게 경영권 프리미엄을 받아 오리온에 매각하자고 설득했다. 매각한 돈은 모두 투자자들의 몫으로 나누고, 나는 한 푼도 받지 않겠다고 했다. 힘들게 투자자들을 설득한 끝에 마켓오는 오리온에 인수되었다. 나는 오리온에 연봉협상만 하고 입사하기로 했다.

그때부터 나의 가슴은 브랜드를 확장할 생각에 두근거렸다. 부잣집에 빈손으로 마켓오라는 딸만 데리고 시집간 셈이었다.

일단 베니건스부터 살리고
그다음에 마켓오를 살리자

나는 40대 초반 나이에 마켓오 압구정점과 강남역점을 들고 오리온의 외식업 계열사인 롸이즈온에 들어갔다. 26세 때부터 사장 역할만 하다가 그곳에서 난생처음 조직 생활을 하면서 월급을 받았다. 직급은 무려 이사였다.

대기업 조직에서는 임원이 되기까지 긴 시간이 걸린다. 그런데 브랜드 하나를 들고 곧장 임원으로 입사했으니 오리온 직원들이 나를 좋아할 리가 없었다. 임원회의라도 들어가면 다들 '네가 뭘 알겠냐'는 표정을 지었다.

라이즈온의 대표적인 브랜드는 베니건스였다. 베니건스는 미국의 패밀리 레스토랑 체인점으로 당시 국내에만 매장이 40여 개나 있었다. 이런 곳에 내가 마켓오 매장 고작 2개를 가지고 들어갔으니 라이즈온을 비롯한 오리온 임원들은 내가 이사직을 맡는 것이 못마땅했을 것이다. 마켓오를 제외한 다른 일에는 참견하지 말라는 듯한 분위기였다.

마켓오 1호점을 열 때부터 나와 함께했던 직원 몇 명이 내 팀원으로 라이즈온에 함께 갔는데, 그들도 나와 함께 미운 오리 새끼 취급을 받았다. 그래서 늘 그들에게 미안했다.

회사는 베니건스에만 집중했고, 적극적으로 마켓오를 확대할 마음이 없는 듯했다. 마켓오를 키우기 위해 힘들게 이곳에 들어왔는데, 그 가능성이 보이지 않으니 앞이 캄캄했다. 마흔이 넘어 처음 겪어보는 조직은 너무나 비정하고 냉담한 곳이었다. '이런 곳에서 살아남아야 하나' 하는 자괴감이 들기도 했다.

하지만 곧 절체절명의 순간이 찾아왔다. 2008년, 베니건스 미국 본사가 파산보호 신청을 한 것이다. 롸이즈온에게는 엄청난 위기 상황이었다. 다들 베니건스를 어떻게 살릴지만 고민했고, 마켓오는 더욱 찬밥 신세가 되었다.

나는 늘 위기가 올 때 생각한다. 위기와 기회는 항상 같은 타이밍에 온다고. 그것이 위기인지 기회인지 인간의 능력으로는 감지할 수 없고, 시간이 흐른 뒤에야 알 수 있다. 다만 인간의 힘으로 할 수 있는 부분은 위기와 기회의 오차 범위를 최대한 줄이고자 노력하는 것이다.

그때 롸이즈온 문영주 대표님이 나를 불러 조용히 말했다. 오리온그룹 조경민 사장님 앞에서 마켓오의 존재 가치를 다시 증명해 보여야 한다고. 회사 분위기가 분위기인 만큼 만약 사장님을 설득하지 못하면 마켓오 사업을 접어야 하고, 노희영 이사도 그만둬야 할지도 모른다고 했다. 벼랑 끝에 내몰린 상황이었다. 나는 며칠 동안 밤을 새워 마켓오를 어떻게 키워낼 것인지 호소하는 프레젠테이션 자료를 만들었다.

그런데 마켓오의 전략과 비전만 강조해도 될까 말까 하는 상황에서 나는 베니건스를 살릴 방법도 함께 준비했다. 아니, 오히려 베니건스를 회생시킬 방법을 중심으로 자료를 만들었다. 그때

내 생각은 오로지 하나였다.

일단 이 집 아들부터 살리고 내가 데려온 딸을 살리자.

베니건스의 위기를 제쳐두고 이제 막 시작하는 마켓오 사업만 이야기한다면, 당연히 통할 리 없었다. 나는 사장님에게 베니건스에 새로운 변화가 필요하다고 주장했다.

80년대 말부터 이후 10년간 해외 유입형의 패밀리 레스토랑은 가족외식의 로망으로 자리 잡았다. 그러나 셰프가 직접 요리한 것이 아닌 반조리 제품의 가공 메뉴를 매뉴얼대로만 서비스하는 영혼 없는 음식에 소비자들은 질리기 시작했다.

나는 일찍이 이런 문제점을 인식하고 있었기 때문에 '파머스 베니건스'를 새로 기획했다. 공장형 제조 방식이 아닌 '식자재 신선도와 셰프가 직접 만든 요리'에 중점을 둔 브랜드로 저칼로리, 웰빙 음식을 선보이는 매장이다.

나는 파머스 베니건스를 만들어 다른 패밀리 레스토랑과는 차원이 다른 음식으로 승부를 겨루겠다고 했다. 그리고 파머스 베니건스와는 또 다른 신개념 브랜드로 마켓오를 만들겠다고 했다.

프레젠테이션을 다 듣고 난 사장님은 구체적인 계획이 무엇이냐고 물었다. 학동사거리에 4층짜리 베니건스 매장이 있었는데, 임대료가 너무 비싸 매출이 높아도 매번 적자를 보는 곳이었다. 나는 이 매장의 적자를 흑자로 돌리겠다고 했다.

1~2층은 마켓오로, 3~4층은 파머스 베니건스로 하고, 월 매출 3억이면 손익분기점을 넘길 것 같으니 첫 달에 매출 3억을 내보겠다고 했다. 대신 인테리어 비용 10억을 달라고 했다. 엘리베이터도 새로 놓아야 하고, 손봐야 할 곳이 한두 군데가 아닌 매장이었기 때문이다.

사장님은 바로 10억을 결재하시면서, "그럼 한번 해봐. 노희영 이사가 3억 매출을 내면 승진시킬게"라고 했다. 나에게 주어진 마지막 기회였다.

진심은
기어코 통한다

이 프로젝트를 진행하는 일은 생각보다 훨씬 힘들었다. 나를 도와주는 사람이 거의 없었기 때문이다. 실패할 가능성이 큰 프로젝트에 괜히 발을 담갔다가 같이 책임져야 할 수도 있었다. 조직이란 그런 곳이었다. 그래서 작은 것 하나하나 내가 직접 발 벗고 나서 챙겨야 했다.

치열한 준비 끝에 2008년 학동사거리에 파머스 베니건스와 새로운 마켓오 매장을 오픈했다. 회사에서 이 매장에 기대를 거는 사람은 거의 없었다. 모두 하나같이 월 매출 3억은 말도 안 된다 며 고개를 저었다.

하지만 오픈 첫 달 매출은 6억이었다. 3억의 두 배인 6억을 달 성하고 나니 롸이즈온 사람들이 나를 보는 눈빛이 달라졌다. 이제 임원들은 내가 무엇을 말하고, 무엇을 준비하는지 궁금해했다. 그 리고 서로 이 프로젝트에 숟가락을 얹으려 했다.

같은 해 나는 베니건스 도곡점까지 '베니건스&마켓오'로 리노 베이션하며 동분서주했다. 그런데 베니건스의 기사회생과 마켓 오의 확장으로 롸이즈온에서는 인정받고 있었지만, 정작 지주사 인 오리온그룹에서는 나에 대해 크게 관심이 없는 것 같았다.

오리온그룹 계열사 중에서 오리온제과가 맏형이라면 롸이즈 온은 막냇동생뻘에 속한다. 롸이즈온이 규모가 작은 계열사라 관 심이 덜한 것도 있었을 것이다.

그래도 오리온그룹의 담철곤 회장님과 이화경 사장님(현재 부 회장님)이 종종 마켓오나 베니건스 매장을 찾아 손님 접대나 식사를 하시곤 했다. 하지만 "맛있네요. 수고하세요"라는 말만 남기고 바로 가버리시기 일쑤였다. 그럴 때면 '칭찬을 좀 해주시면 기운이 날 텐데'라는 생각에 맥이 빠졌다.

그러던 어느 날 1년 만에 이화경 사장님이 비서실을 통하지 않고 직접 전화를 주셨다. 점심을 함께하자고 하셨다. 그 전화에 잠 못 이루고 순수한 마음으로 흥분했던 기억이 있다. 사장님이 내게 던진 첫마디는 이랬다. "나는 노희영을 안 믿었어. 직원들도 못살게 굴고, 야망도 크다는 나쁜 이야기를 너무 많이 들어서. 그리고 라이즈온에서 명성을 얻으면 그걸로 다른 회사에 갈 거잖아"라고 하셨다.

오리온 내부에서 나를 견제하는 사람이 있어서, 조그마한 컨설팅 회사 대표가 오리온그룹 이사라는 게 말이 안 된다는 이야기와 나쁜 소문들이 많았다. 사장님은 이런 소문을 듣고 금방 떠날 줄 알았다고 했다.

어느 곳이나 새로운 조직에 이방인으로 들어가면 그들의 방법과 언어에 익숙해지기 마련이다. 그래야 편안해진다. 하지만 단시간 내에 굴러온 돌이 그들에게 동화되지 않고 조직에서 인정받으려면 어떻게 해야 할까?

돌진과 타협하지 않는 강한 의지, 그리고 그들의 인정을 받을 수 있는 결과물이 있어야 한다. 나는 그런 돌진과 의지로 결과물을 얻어냈다. 그리고 그 결과물에는 손익이 뒷받침되어야 한다.

그 많은 루머를 딛고 베니건스와 마켓오가 성공 궤도에 올랐는데도 내가 다른 곳으로 가지 않으니 사장님은 이상하다고 생각하셨던 것 같다. 계속 움직이고 새로운 일을 찾는 모습에서 그제야 '노희영이 오리온에 뭔가 뜻한 바가 있어서 들어왔구나'라고 느껴졌다고 했다. 그래서 한번 만나봐야겠다고 생각해 연락하신 것이었다.

"노희영은 꿈이 뭐야?"라고 물어보시는 사장님의 질문에 나는 답했다. "전 제가 만든 브랜드를 성공시키는 일에 최선을 다할 뿐입니다. 그게 저의 명성이 되고, 자산이 된다 생각하고 열심히 하고 있습니다."

사장님은 내 대답을 듣더니 그 자리에서 "이제 노희영이 롸이즈온의 대표를 맡지"라고 했다. 깜짝 놀랄 만한 제안이었지만, 나는 이 제안이 감사하면서도 좋지만은 않았다.

지금껏 인생에서 나에게 맞지 않는 옷인 줄 알면서도 다 받아 입었다면 지금의 나는 이 자리에 없을 것이다. 손익을 분석하고 자리에 앉아 계산기를 두드리는 전문 경영인의 일은 나와 전혀 맞지 않았다. 그래서 사장님의 제안에 바로 싫다고 거절할 수 있었다. 하고 싶은 일과 할 수 있는 일은 차원이 다른 것이다.

사장님은 대기업 직원들의 모든 꿈이 대표가 되는 것인데 왜 거절하느냐고 했다. 그러곤 다시 물으셨다. "대표 말고 하고 싶은 게 뭐야?" 나는 이런 날이 오기를 계속 기다렸다. 그래서 이 기회에 그동안 마음속에 품고 있던 생각을 말했다.

제가 오리온에 온 이유는, 전 국민이 사랑하는 초코파이 같은 국민 브랜드를 만들고 싶었기 때문입니다. 제게 오리온제과에서 일할 기회를 주시면 마켓오로 새로운 과자 브랜드를 만들어보겠습니다.

만약 당시 내가 CJ로 이직했다면 CJ를 대표하는 다시다 같은 브랜드를 만들고 싶다고 했을 것이다. 하지만 제과로 유명한 오리온에 있으니 제대로 된 과자 브랜드를 만들고 싶었다.

사실 말하고 나서 사장님이 '네가 과자에 대해 얼마나 아느냐'고 하며 거절하실 줄 알았다. 지금 생각해도 심장박동 소리가 느껴질 만큼 떨리는 순간이었다.

그런데 사장님은 3분 정도 고민하시더니 바로 오리온제과 사장님에게 전화하셨다. "롸이즈온 노희영 이사를 내일 보낼 테니 기회를 주세요"라고 하셨다. 나에게는 "이왕 해볼 거면 제대로 잘 해봐"라고 격려를 해주셨다. 대표 자리를 마다하면서까지 하고 싶다고 하니 사장님도 큰 기회를 주신 것이다.

싸울 수 있는 힘을
얻을 때까지는 버텨야 한다

다음 날, 잠 한숨 못 자고 설레는 마음으로 오리온제과로 출근했다. 그런데 회의실에 도착하자마자 나를 기다리고 있는 건 제과에 평균 20년 이상 몸담아왔던 10명의 임원이었다. 그들은 면접관처럼 나를 보고 꼬치꼬치 물었다.

"공장 가동률에 대해 어떻게 생각하느냐, 폐유 처리는 어떻게 할 거냐, 과자 업계 현황은 어떤 것 같으냐?"

사실 잘 모르는 이야기들이라 당당하게 모른다고 답했다. 당황한 임원들은 이쪽 업계에 대해 아무것도 모르면서 왜 사장님한테 과자를 만들겠다고 했냐고 물었다. 왜 그런 쓸데없는 제안을 해서 이 자리까지 온 거냐는 눈빛이 느껴졌다.

다른 사람이었다면 화를 내며 그 자리를 나오거나 스스로 못 할 것 같다고 포기할 만한 상황이었다. 그런데 나는 그 자리에 그대로 앉아 그들이 하는 이야기를 들었다.

내가 가진 경쟁력 중 하나는 '참을성'이다. 나는 내 꿈을 이룰 때까지는 어떤 상황이든 잘 참고 견딘다. 이 업계에서 살아남은 나만의 방법은 결국 내가 원하는 것을 이룰 때까지 견디는 것이다. 괜한 싸움은 의미가 없다. 이길 만한 힘을 가질 때까지는 참아야 한다. 그래서 나는 목적이 있을 때는 누군가 싸움을 걸어도 매우 침착하게 대응한다.

그들도 이화경 사장님의 결정을 이유도 없이 안 된다고 할 수 없으니 마지막으로 내게 물었다. "도대체 왜 한다고 한 겁니까?" 나는 천연덕스럽게 말했다. "새로운 과자를 만들어보려고요." 어떻게 만들 거냐고 묻는 말에는 "내일부터 해봐야죠"라고 했다.

그들은 나를 거부하는 것을 포기했다. 나는 일주일에 3일은 오리온제과로 출근하고, 3일은 라이즈온에 있겠다고 했다. 임원들은 그제야 내가 보통내기가 아니라고 생각한 듯, 그러면 내일부터 나오라고 했다.

다음 날 오리온제과에 출근하니 조그만 사무실을 하나 만들어주고 나와 함께 일할 젊은 직원 세 명을 보내주었다. 그렇게 오리온 최대 계열사인 오리온제과에서의 일이 시작됐다.

디테일한 차이에
목숨을 걸어라

막상 오리온제과에서 일을 시작하니 내가 하고 싶다고 아무 과자나 만들 수 있는 상황이 아니었다. 과자에도 다양한 종류가 있는데, 기존 공장 라인에서 일정상 가능한 과자만 기획할 수 있었다.

초코파이나 포카칩 라인은 너무 바빠서 내가 감히 끼어들 틈이 없었다. 다만 고래밥을 생산하는 비스킷 라인이 일주일에 어느 정도 쉬는 기간이 있어서 그 라인에서 생산할 수 있는 것을 기획해야 했다.

생각해보면 오리온에서 그렇게 범위를 한정해준 것이 신의 한 수였다. 만약 모든 라인을 다 열어주었다면 브라우니는 탄생하지 못했을 수도 있다.

나는 모든 신제품 기획의 답은 그 마켓에 있다는 말을 신봉하는 사람 중 하나다. 즉각 팀원들에게 우리나라 전체 비스킷 생산품 중 베스트셀러만 모아오라고 했다. 사람들에게 익숙한 맛, 그리고 요즘 사람들이 가장 좋아하는 맛을 알아야 거기서 한 걸음 더 나아간 비스킷을 만들 수 있다고 생각했다.

우리나라 비스킷 중 베스트셀러 1~3위는 초코칩이 들어간 쿠키였다. 외국인들도 초코칩 쿠키를 굉장히 좋아한다. 그래서 우리도 비스킷 라인에서 초코칩 쿠키를 만들기로 했다.

다음 고민은 '기존 초코칩 쿠키와 어떤 부분을 다르게 할 것인가?'였다. 나는 기존의 초코칩 쿠키보다 고급스러운 느낌을 살린 쿠키를 만들어야겠다고 생각했다. 기존 초코칩보다 더 부드럽고 초콜릿 맛이 진한 게 뭐가 있을까?

독일 제과박람회에 다녀오는 등 끊임없는 시장조사를 하던 중 뉴욕 첼시 마켓에서 '브라우니'라는 답을 찾았다. 많은 사람이 좋아하는 초코칩 쿠키를 한층 더 진화시킨 게 브라우니다. 그렇게 '마켓오 리얼 브라우니'의 기획이 본격적으로 시작되었다.

모든 성공의 결정적 해답은 대중에게 있다. 예전처럼 대기업이 자체적으로 완전히 새로운 상품을 개발해 성공하던 시대는 지났다. 지금은 소비자들이 기업보다 훨씬 더 많이, 자세히 안다. 전 세계적인 흐름까지도 꿰차고 있다. 그런 소비자들이기 때문에 그들의 기호를 따라가야 한다.

지금의 제품 개발은 소비자가 원하는 것에서 한 단계 발전한 것을 찾는 것이다. 소비자가 안 먹어본 것을 창조하는 일은 일종의 발명이다. 먹는 상품에서 발명품은 통하지 않는다.

짜장면을 새로 개발한다고 치자. 느닷없이 완전히 새로운 맛의 노란 짜장면을 만든다면, 그것은 개발이 아니다. 노란 짜장면은 이미 짜장면이 아니기 때문이다. 음식 상품 개발자들이 오해하는 것이 이 부분이다.

이 세상에 존재하지 않았던 새로운 맛은 호불호도 심하고 대중에게 익숙해지기까지 시간이 너무 오래 걸린다. 그리고 좋아하게 된다고 해도 '특별한 음식'으로 인식돼서 자주 먹지 않는다. 소비자는 '창조'를 원하지 않는다. 셰프들이 새로운 맛, 생소한 맛을 개발해오면 나는 늘 이렇게 말한다.

당신 같으면 이걸 일주일에 몇 번이나 먹을 것 같아요?

본인도 본인 가족도 자주 먹을 것 같은 음식을 개발해야 그것이 신메뉴인 것이다. 무턱대고 새로운 것이 신메뉴, 신제품일 것이란 망상을 버려야 한다.

중국집 중에서는 짜장면에 감자를 넣는 집이 있고 안 넣는 집이 있다. 호박을 넣는 집이 있고 안 넣는 집이 있다. 짜장을 흑설탕으로 볶는 집도 있고 백설탕으로 볶는 집도 있다. 짜장면만 보더라도 경우의 수가 너무나도 많다.

제품 개발은 여기서 몇 분을 볶았을 때 가장 맛있는지, 어떤 기름으로 볶았을 때 가장 고소한지를 연구하는 것이다. 기존의 상품을 철저하게 바탕에 두고 재료와 만드는 방법을 살짝 비틀 때, 소비자에게 익숙하면서 더욱 맛있는 상품이 탄생하는 법이다.

식품 개발뿐 아니라 다른 분야에서도 마찬가지다. 소비자가 진짜 원하는 것과 상관없이 자신이 개발할 것을 먼저 생각해놓고, 여기에 맞춰 데이터를 분석하는 경우가 많다. 이런 행동은 자신이 먹고 싶고, 바르고 싶고, 입고 싶은 것을 남에게 강요하는 것과 마찬가지다.

기획이나 개발 일을 하는 사람이라면, 자신의 취향을 온전히 내려놓고 소비자의 기호를 관찰해야 한다. 그럴 때 새로운 상품에 대한 답이 보인다. 나 역시 늘 되새기려고 한다. 제품의 가치는 소비자의 기호를 세심하게 파고드는 디테일로부터 나온다는 것을.

진짜 같은 맛이 아니라
진짜 맛으로 사람들을 사로잡는다

잘 알다시피 바나나우유에는 실제 바나나를 넣지 않고 딸기 과자에도 딸기를 넣지 않는다. 대신 딸기맛, 바나나맛을 내는 합성감

미료가 들어간다. 초코 과자도 실제 초콜릿을 넣으면 잘 녹아서 유통이 어려우므로 경화유라는 화학첨가물을 넣을 수밖에 없다.

하지만 나는 마켓오 리얼 브라우니를 만들면서 진짜 초콜릿이 아니면 넣지 않겠다고 했다. 베이커리에서 파티셰가 만드는 방법 그대로 만들 것을 고집했다. 그래서 브라우니는 공정 과정부터 일반 과자와는 완전히 달랐다. 당시 내게는 그런 한계 따위에 주눅 들지 않는 패기가 있었던 것 같다.

사실 내가 만약 오리온제과 출신이었다면 절대로 그 브라우니를 만들 수 없었을 것이다. 제과의 한계를 너무나 잘 알기에 시도조차 못 했을 것이다.

그리고 조직의 룰을 벗어나 말도 안 되는 나의 제안에 응답해준 사람의 노고가 있었다. 1년이나 지속된 나의 요구에도 포기하지 않고 노력해준 김동원 파티셰와 R&D(Research&Development, 연구개발)팀의 전성일 님이다. 그들이 없었다면 나는 브라우니를 만들수 없었을 것이다.

기존 초콜릿 과자들과 다른 공정 방식을 채택했기 때문에, 브라우니는 연구개발에만 1년이 걸렸다. 긴 시간 끝에 개발이 끝났지만, 좋은 원료와 진짜 초콜릿을 사용했기에 다른 과자보다 유통기한이 짧고 가격이 비싸다는 단점이 있었다.

'최초의 유기농 레스토랑, 진짜 초콜릿으로 만든 브라우니'는
끊임없이 새로운 곳을 찾아가서 맛보고,
기록하는 습관으로부터 시작되었다.

대한민국에 '유기농' 트렌드를 알린 마켓오 레스토랑.
나는 늘 새로운 트렌드를 세상과 시장으로
끄집어내려고 노력한다.

당시 초코파이는 개당 단가가 260원이었는데, 브라우니는 개당 700원이었다. 크기는 초코파이보다 더 작은데, 가격은 세 배 가까이 비싼 것이다. 그러니 다들 누가 사 먹겠냐며 나에게 제정신이 아니라고 힐난했다.

하지만 시장 상황이 급격하게 달라졌다. 2008년, 중국에서 멜라민을 우유인 것처럼 속여 유제품으로 판매한 일이 있었다. '멜라민 파동'으로 불린 이 사건 이후, 한국에서 많은 사람이 유제품이 들어간 과자나 아이스크림을 먹지 않았다. 그리고 파동은 점점 심해져 경화유를 비롯한 화학첨가물을 모두 기피하게 되었다.

나는 언젠가 사람들이 화학첨가물에 관한 관심이 높아져 건강한 과자를 찾는 날이 올 것으로 생각했다. 그런데 내 예상보다 그 시기가 빨리 찾아오는 바람에 브라우니 출시와 사회적 분위기가 맞물렸다.

전체적으로 과자 매출이 급속히 떨어지던 이때, 브라우니의 인기는 날로 높아졌다. 화학첨가물 없이 순수한 초콜릿이 들어간 과자의 진가를 사람들이 알아봐준 것이다.

상품의 이미지를 만드는 것이
마케팅의 핵심이다

브라우니가 출시된 2008년 12월, 마켓오의 마케팅 비용은 상당히 제한적이었다. 어떻게 하면 적은 비용으로 입소문을 낼 수 있을까 고민하던 무렵 가수 빅뱅의 첫 콘서트가 있었다. 내 주변에서 너나 할 것 없이 콘서트 티켓을 구하느라 난리였다. 혜성처럼 나타난 빅뱅의 인기는 그만큼 대단했다.

나는 이 상황을 지켜보다가 불현듯 빅뱅과 브라우니를 연결시켰다. 그래서 대뜸 빅뱅의 소속사인 YG엔터테인먼트에 전화했다. 당시의 YG엔터테인먼트는 상장 전이라 다른 기획사와 비슷한 규모였다. 하지만 빅뱅의 인기로 보아 충분히 투자할 만한 가치가 있다고 생각했다.

빅뱅 콘서트에 가는 관람객은 대부분 10대~30대 초반 여성이었다. 이들이 브라우니의 맛을 알리는 주요 고객이 될 것이었다. 나는 오리온의 신제품 과자를 빅뱅 콘서트장에서 무료로 나눠주는 기프트 샘플링gift sampling을 하겠다고 제안했다.

음식을 먹을 때 '무엇을' 먹느냐만큼 중요한 게 '누구와' 먹느냐다. 콘서트장에서 너무나 좋아하는 빅뱅을 보면서, 감격스러운 상태에서 브라우니를 먹는다면 그 맛은 한층 배가될 터. 그리고 기억 속에 브라우니의 달콤한 맛이 각인될 것이다.

콘서트를 하는 3일 동안 대략 5만 명의 사람들에게 브라우니를 나눠줬다. 콘서트에 왔던 사람들이 나중에 그 과자의 맛을 떠올려 구매한 후, 친구나 가족과 함께 과자를 나눠 먹을 것이라고 생각했다.

나는 상품의 포장과 디자인에도 많은 공을 들인다. 상품 디자인은 또 하나의 이미지 마케팅이기 때문이다. 대부분 과자 포장은 빨간색, 노란색, 파란색 같은 강렬한 색을 섞어 소비자의 시선을 사로잡으려고 한다.

하지만 나는 일부러 옅은 파스텔톤을 사용했다. 제과에서는 시도된 적 없는 스타일이었다. 임원들은 색을 좀 더 강하고 다양하게 쓰라고 했다.

임원들이 아무리 말해도 내 생각은 확고했다. 이 과자 하나만 있을 때는 무난해 보일지도 모른다. 그러나 다른 과자들과 함께 마트에 진열됐을 때는 다르다. 알록달록한 과자들 사이에서 고급스럽고 심플한 포장은 오히려 돋보인다. 대한민국에 이런 빈티지 스타일의 패키지가 전무했기 때문이다.

임원들의 반대가 계속되자 나는 아무도 없는 늦은 밤, 대형마트에 가서 브라우니 샘플을 다른 과자들 사이에 올려놓고 몰래 사진을 찍고 빠져나왔다. 그 사진을 가지고 사람들 앞에서 프레젠테이션을 했다. 다른 과자들 사이에서 브라우니는 단연 눈에 띄었다. 그날 이후 임원들은 브라우니 포장에 대해 다시 언급하지 않았다.

브라우니 패키지를 조금은 낡은 듯 세월이 느껴지게 디자인한 것은 빈티지 스타일을 새로운 트렌드로 받아들일 수 있는 감각 있는 젊은 여성을 겨냥한 것이다. 또한 공장 생산품이 아닌 듯, 실제로 집에서 손으로 구운 듯한 따뜻함과 투박함을 느끼게 하려는 것이었다. 이것은 길정민 디자이너의 헌신과 노력 없이는 불가능했을 것이다.

하지만 정해진 예산은 있고, 내가 원했던 느낌은 나지 않았다. 그래서 우리가 원하는 매트하고 레트로한 느낌을 더 살리기 위해 종이를 뒤집어 인쇄해보기로 했다. 그런데 뒤집어 인쇄하면 종이 뒷면이 고르지 않아 인쇄 불량이 많아진다.

그래서 길정민 디자이너가 인쇄소에 종일 매달려 있느라 이명이 생길 정도였다. 정해진 예산을 가지고 원하는 느낌을 내기 위해 전력을 다한 고통스러운 시간이었다.

나는 처음으로 '작은 사치small indulgence'를 브라우니의 카피로 사용했다. 젊은 여성들의 마음을 움직이기 위한 말이었다. 무릇 마케팅에서는 젊은 여성을 사로잡아야 시장 전체를 사로잡을 수 있다.

사실 아무리 맛있다고 해도 젊은 여성이 핸드백에서 주섬주섬 새우과자나 감자칩을 꺼내는 모습은 어울리지 않는다. 하지만 그녀들의 작은 가방에서 파스텔톤의 브라우니가 나오는 것은 너무나 잘 어울린다.

남자친구와 데이트할 때, 친구와 만났을 때 커피를 마시며 가방에서 디저트로 브라우니를 살짝 꺼내놓는 것은 센스 있게 느껴진다. 세련된 포장의 브라우니는 젊은 여성들의 핸드백에 들어 있어도 결코 창피를 주지 않는다. 오히려 브라우니를 가지고 있는 사람이 매력적으로 느껴질 정도다.

좋아하는 가수를 떠올릴 때 생각나는 달콤한 맛. 작은 핸드백에 쏙 넣고 다녀도 잘 어울리는 포장. 마켓오 브라우니는 기존의 과자들과는 전혀 다른 느낌으로 젊은 여성들에게 어필했다. 과자 시장에 새로운 트렌드를 만든 것이다.

소비자와 가장 처음 만나는 사람들부터
자부심을 갖도록 교육해야 한다

고객의 반응을 가장 빨리 볼 수 있는 곳은 바로 대형마트다. 안일하게 넘길 수도 있는 부분이지만 소비자를 1:1로 만나는 마트 판매원분들의 영향력도 중요한 마케팅 요소다. 나는 대형마트에서 일하시는 시식 판매원분들을 교육하는 일에도 직접 나섰다.

나는 마켓오 브라우니를 팔 때도, 비비고 만두를 팔 때도 전국 지점의 판매원분들을 모아 상품을 설명하고 식사도 함께했다. 기업 직원이 대본을 읽듯 상품을 설명하는 것과 상품을 직접 기획한 임원이 등판해 진정성을 담아 제품을 소개하는 것은 차원이 다르다.

매번 질문 시간도 가졌는데, 처음에 판매원분들은 마켓오 브라우니가 너무 비싸서 팔기 어려울 것 같다는 이야기를 하셨다. 그래서 내가 말했다. "마켓오 브라우니는 여러분이 그동안 팔던 과자와 달라요. 아이의 건강을 생각하는 엄마들에게 자신 있게 추천할 수 있는 과자예요. 이 점을 강조하면 좋은 결과가 있을 겁니다."

지금 우리가 파는 상품이 얼마나 좋은 상품인지 확실하게 알고 자부심으로 소비자를 대했을 때, 그 마음이 소비자에게 전달되는 법이다. 그리고 마지막은 항상 이 말로 교육을 마무리했다.

우리가 먼저 우리 제품에 대한 자부심과 애정을 가져야 합니다.

그리고 나는 당시 마트 MD들을 모아놓고 제품 품평회를 직접 하기도 했다. MD들에게 우리 상품을 자랑스럽게 소개할 때, 상품이 어디에 진열되는지, 얼마나 홍보되는지가 결정되기 때문이다.

이처럼 브랜드를 만들어가는 일은 누군가에게 끊임없이 상품을 어필하고 상품의 정당성을 설득하는 소통의 과정이기도 하다. 회사 책상에 앉아 머릿속으로만 상품을 준비하는 것에서 끝나선 결코 안 된다.

소비자와 직접 맞닿아 있는 사람들이 상품을 팔고 싶게 해줘야 한다. 상품을 만들고 관리하는 일은 또 다른 사람의 마음을 움직이는 일임을 잊어서는 안 된다.

결과적으로 출시 첫 달 브라우니만으로 64억 매출을 기록했다. 그리고 그해 마켓오 실적은 총 600억이었다. 나는 롸이즈온의 이사면서 오리온제과에 급여 대신 매출의 로열티를 요구했다.

지금 생각해보면 철없는 요구이나 나는 당연히 그렇게 해야 한다고 생각했다. 말도 안 되는 일이었지만, 나의 당당한 요구에 회사에서도 고민 끝에 1'%'라는 결론을 내려주었다.

오리온 내에서는 신제품인데다 정가가 높은 편이라 마켓오의 연간 매출 목표를 100억으로 잡았다. 그 금액의 1%면 약 1억이니 적당하다고 생각했던 것 같다. 그러나 브라우니 매출은 과자 신제품으로는 전무후무한 결과를 가져왔고, 첫해에 5억 정도의 로열티를 받았다.

오리온 시절은 내가 가장 행복하게 일했던 시기다. 지금도 함께 일했던 동료들과도 모이면 그때 이야기를 한다. 밤낮 가리지 않고 순수한 열정 하나로 모두가 미쳐서 일하던 그 시절이 그립기도 하다.

이화경 사장님께도 받은 것이 많다. 오늘의 나를 만들어주셨는데 갚지 못한 것이 늘 죄송할 뿐이다. 오리온은 직원들이 전문성을 길러 성장할 수 있는 기회를 주는 기업이다. 대한민국 국민이 사랑하는 브랜드를 만들 기회를 준 오리온에 늘 감사한다.

chapter 2

비비고

브랜드는 자라고, 다치고, 죽기도 하는 생명체다

"브랜드를 만드는 것과 관리하는 것,
리노베이션하는 것 중 무엇이 가장 어려울까?
사실 어느 것 하나 쉬운 건 없다.
브랜드는 하나의 생명체이기 때문이다.
무엇을 하든 아이처럼 끊임없이 보살펴야 한다.
예방접종도 하고 과외수업도 하며."

비빔밥으로 한국의 맥도날드를
만들겠다는 꿈

나는 내가 만든 브랜드를 모두 나의 자식이라고 생각한다. 내가 낳고 기른 자식이니 열 손가락 깨물어 안 아픈 손가락 없듯 모두가 소중하다. 하지만 그중에서도 CJ의 비비고bibigo는 내게 각별한 브랜드다. 오랜 시간 마음에 품고 있었던 나만의 바람을 실현해준 브랜드이기 때문이다.

1970년대, 미국에서 청소년기를 보낸 나는 맥도날드에서 빅맥을 처음 먹고 진짜 놀랐던 기억이 있다. 주문하고 몇 분도 안 되어서 뜨끈뜨끈한 고기가 빵에 싸여 나왔는데 비주얼부터 맛까지 전부 충격이었다. 그때 나는 '한식도 패스트푸드처럼 만들 수 있지 않을까?', '언젠가 맥도날드처럼 세계적인 한식당이 생길 수 있지 않을까?' 하는 생각을 하게 되었다.

그 생각을 실현할 기회는 내가 오리온 부사장이던 시절, 운명처럼 찾아왔다. 2000년대 초반 내가 기획한 오리온의 마켓오 브라우니가 국내뿐 아니라 일본에서도 큰 성공을 거두었다. 브라우니의 인기 때문에 내가 외국인의 입맛을 잘 안다고 생각했는지, 2009년 '한식 세계화 추진단'이 설립되었을 때 추진단에 초청되어 위원으로 활동했었다.

그때 여러 기업의 사람들을 만날 기회가 생겨 많은 이야기를 들었는데, 그중에서도 CJ의 선도적인 행보가 눈에 띄었다. CJ는 비빔밥 브랜드를 만들어 해외로 진출시키고 싶어 했는데, 이를 함께할 사람을 찾는다는 이야기에 귀가 솔깃해졌다.

나는 오래전부터 비빔밥의 세계적 위력을 알고 있었다. 당시에도 외국인들에게 한국 음식 중 가장 좋아하는 게 무엇이냐고 물으면 1위는 단연 비빔밥이었다. 외국인 기준에서도 비빔밥은 매력적인 한국 음식일 수밖에 없다. 왜일까? 여러 이유가 있겠지만 음식 재료가 눈에 고스란히 드러난다는 것이 큰 장점이다.

사실 곰탕이나 설렁탕이 맛이 없어서 외국인이 잘 안 먹는 게 아니다. 외국인 입장에서는 그 안의 재료를 확인할 수 없어 미심쩍은 것이다. 다른 나라의 낯선 음식을 먹을 땐 육안으로 재료가 확인돼야 안심할 수 있다. 이 기준으로 보면 한식 중에서도 비빔밥은 외국인이 안심하고 먹을 수 있는 음식이다.

무엇보다 비빔밥은 외국인들이 보더라도 대단히 건강한 음식이다. 세계적으로 가장 많이 먹는 건강식으로는 샐러드가 있다. 하지만 샐러드 자체도 완벽한 식품은 아니다. 채소만 먹으면 단백질이 부족해 닭가슴살이나 새우를 추가하거나, 탄수화물을 고려해 퀴노아 등의 곡물을 넣기도 한다.

그런데 비빔밥은 그 자체로 모든 것을 갖춘 음식이다. 밥과 채소, 고기까지 들어가 단백질과 탄수화물, 비타민 등 영양 밸런스가 맞춰진 건강식이다. 게다가 비빔밥에 들어가는 데친 나물은 샐러드에 들어가는 같은 양의 익히지 않은 채소보다 영양적으로도 우위를 갖는다. 생채소보다 익힌 채소가 체내에서 더 잘 흡수되기 때문이다.

그래서 나는 이전부터 시각적으로도, 영양학적으로도 완벽한 비빔밥이야말로 한식을 세계에 알리고 싶다는 나의 오랜 바람을 이루어줄 음식이라고 생각해왔다.

정말 하고 싶은 일이라면,
때론 무모함도 감수한다

CJ의 비빔밥 브랜드에 대해 궁금하던 차, 한식 세계화 추진단 위원 자격으로 CJ의 한식 세계화 프레젠테이션을 들을 기회가 생겼다. 그런데 아무래도 이상했다. 나름대로 훌륭하게 준비했다고는 하지만, 정작 중요한 것을 놓친 것 같았다.

당시 CJ에서 비빔밥 사업을 주도했던 곳은 CJ제일제당(이하 제일제당)이었다. 제일제당은 오프라인에서 식음료사업을 진행하는 푸드빌과는 달리 햇반이나 백설 등의 브랜드를 담당하는 식품 제조업체다. 그러다 보니 비빔밥 메뉴 자체에 대한 관심보다는 공장 설비나 생산 공정에 따른 생산 라인 설계부터 고심하는 등 지나치게 생산 중심적인 계획을 세우고 있었다.

너무 안타까운 마음에 CJ 담당 임원들에게 혹시 이 사업을 내가 컨설팅하는 게 가능한지 조심스럽게 물어보았다. 그런데 그렇게 하기에는 커다란 문제가 있었다.

나는 오리온 소속 임원이었고, 당시 오리온과 CJ는 첨예하게 대립하는 경쟁사였다. 제과나 식품은 물론이고 메가박스와 CGV, 쇼박스와 CJ엔터테인먼트, 온미디어와 CJ미디어 등 영화며 방송 콘텐츠 사업까지도 서로 치열하게 다투는 라이벌이었다.

CJ에서는 오리온 임원이 뜬금없이 CJ 사업을 컨설팅한다는 것은 상도에 어긋나니 먼저 오리온의 승낙을 받아오라고 했다. 나는 곧바로 오리온그룹의 이화경 사장님께 달려갔다.

CJ에서 내가 너무 하고 싶었던 비빔밥 세계화 사업을 추진하고 있는데, 오리온에서는 한식 세계화 사업은 하지 않으니 CJ에서 그 일을 해보고 싶다고 했다.

이화경 사장님은 이런 말을 하는 내가 참으로 기가 막힌다는 표정을 지으시더니 한참 고민하시다가 내게 물어보셨다. "회사에 물의를 일으킬 수 있는 일이란 걸 알면서도 왜 그렇게 하고 싶은 거야?" 나는 답했다. "어릴 적부터 소원이었습니다. 드디어 그 기회가 온 것 같아요. 사장님께서 허락해주신다면 정말 감사할 것 같아요. 1년만 하고 오겠습니다." 내 말을 들은 사장님은 섭섭해하시며 간신히 승낙해주셨다.

이후 소집된 임원회의에서 사장님은 노희영이 CJ에 가서 1년 정도 파트타임으로 일하겠다고 하니 그렇게 할 수 있게 해주라고 지시했다. 임원들의 반발은 대단했다. 경쟁사로 출근한다니 당연한 일이다. 그런데 그때 이화경 사장님이 이렇게 말하셨다.

"노희영에게 하지 말라고 하면 어떻게 될까? 당장 사표 내고, 하고 싶은 일 하려고 할 텐데, 그럼 노희영이 하던 마켓오는 누가 맡을 거지? 자신 있는 사람 아무도 없지 않나? 노희영이 CJ에 가서 새로운 것을 경험하면 그건 우리의 자산이 되는 일이기도 하니 공부해오도록 보내자."

지금에 와서 고백하는 것이지만 그렇게 쿨하게 내게 기회를 주신 이화경 사장님과의 약속을 지키지 않고 CJ로 이직한 것은 진심으로 마음 아프고 죄송한 일이다. 그러나 오리온은 떠났지만 CJ에 가서 참으로 많은 일을 했고, 또 많은 꿈을 이뤘다. 얻는 것과 잃는 것은 늘 같이 오는 법이다.

권력은 의자에 앉았을 때가 아니라 두 발로 뛰어다닐 때 생긴다

결국 승낙을 받아 CJ로 출근하게 되었다. 한식 세계화 위원이 아닌 '노희영'이라는 타이틀을 갖고 컨설턴트로 시작했다. 그런데 나는 CJ에 조금 남다른 요구를 했다.

대기업에서 새로운 상품을 개발할 때, R&D팀은 마케팅팀이나 영업팀 몰래 개발을 시작한다. 경쟁사에 노출될지도 모른다는 생각에, 상품이 완성될 때까지 기업 대표와 R&D팀을 제외하면 아무도 그 상품에 대해 알지 못한다.

상품이 완성되고 나서야 마케팅팀이나 영업팀에서 상품에 대해 알게 되는데, 그러면 그들에게는 제품에 대한 열정을 가질 시간이 없다. 상품에 대한 충분한 스토리텔링과 철학을 나눌 시간이 부족해 상품 홍보에 어려움이 생기는 것이다.

그래서 CJ 첫 프로젝트부터 "R&D, 마케팅, 영업, 판매 루트, 광고까지 나에게 전권을 주지 않으면 프로젝트를 맡지 않겠다"고 했다. 그렇게 해서 일에 대한 전반적인 권한을 위임받아 브랜드의 전체적인 그림을 그릴 수 있었다.

나는 늘 브랜드를 기획하는 초반 단계에서 모든 관련 부서를 소집해 원탁회의부터 한다. 지금 하고자 하는 것이 무엇인지를 설명하고 준비시키는 것이다. 시작 단계부터 모두가 일의 방향을 인지하면, 함께 시작한다는 마음에 단체로 으쌰으쌰 하는 분위기가 생긴다. 그 속에서 '우리의' 브랜드가 탄생한다. 노희영이 기획은 했어도 우리가 함께 키운 브랜드가 된다.

CJ에서도 한식 HMR(Home Meal Replacement, 가정식 대체식품) 브랜드에 대한 회의를 계속했고, 그렇게 이어진 토론 끝에 '비비고'라는 브랜드 이름이 탄생했다. '비비고bibigo'는 비빔밥의 '비빔'과 영어

'go'를 합친 합성어다. 섞는다는 의미의 '비빔'은 서로 다른 것이 만나 조화와 균형을 이룬다는 의미이며, 'go'는 한식 세계화를 향한 의지를 담고 있다.

비비고 브랜드를 출시하면서 내가 처음으로 한 일은 한식 세계화 브랜드의 통합이었다. CJ 안에는 백설, 햇반, 해찬들 등 여러 브랜드가 있다. 그러다 보니 해찬들 고추장은 해찬들대로, 햇반은 햇반대로 전부 다 각자의 사업 목표를 가지고 세계화 전략을 세우고 있었다.

넓은 미국 땅에서 브랜드 하나를 알리기도 어려운데 여럿이 각자도생하려고 하면 그 투자비는 상상할 수도 없다. 이도 저도 안 된다. 특히 백설은 발음하기 어려워 외국인이 읽을 수도 없다.

나는 세계화 브랜드는 '비비고' 단 하나로 가야 한다고 했다. 물론 각 브랜드 매니저들의 반발이 엄청났다. 하지만 나는 모든 반발을 나만의 설득으로 헤쳐나갔고, 설득이 통하지 않을 때는 고집으로 밀어붙였다.

내가 비비고 기획의 전권을 가진 것에 대해 누군가는 불만을 가졌을 것이다. 그리고 남의 말을 무시하거나 일을 억지로 밀어붙이는 데 그 권력을 사용했다고 생각했을 수도 있다.

내 권력은 어디서부터 왔을까? 누구로부터 받은 것일까, 아니면 스스로 만든 것일까? 누가 이렇게 질문한다면 나는 당당히 내가 만든 것이라고 답할 것이다. 어떤 오너도 직원에게 그런 월권을 주지 않는다. 그것은 오너의 가족이라고 해서 별반 다르지 않다.

나의 권력은 끊임없는 노력으로부터 나왔다. 대부분의 대기업 임원들은 자신에게 맡겨진 일을 처리하는 것만으로도 바쁘고 정신없다. 하지만 오리온의 부사장으로, CJ의 고문으로 두 개의 회사를 오갔던 나는 내가 해야 할 일뿐만 아니라 없던 일도 만들고, 자발적으로 동분서주하며 사람들을 만났다.

그리고 비비고 사업을 본격적으로 진행하고, 중요한 사안을 결정할 때마다 끊임없이 프레젠테이션 자료를 만들어 사람들을 만났다. 반발하는 사람도 설득하고, 의구심을 갖는 사람도 설득하며 그렇게 비비고를 탄생시켰다.

잘못됐다고 말하려면, 대안을 준비해야 한다

당시 CJ에서는 비빔밥처럼 또 하나 세계화하려던 것이 있었는데, 바로 '고추장'이다. 고추장을 미국 타바스코사의 핫소스처럼 한국

을 대표하는 'K-소스'로 만들어 전 세계에 알리려는 계획이었다. 그런데 나는 아무리 생각해도 고추장을 세계화시키는 것은 너무 어려운 일 같았다.

사람들은 음식을 먹어본 후에야 소스를 산다. 예로 돈가스를 먹어본 사람이 돈가스 소스를 사지, 돈가스를 모르는 사람이 돈가스 소스를 사지 않는다. 한국 음식을 잘 모르는 상태에서는 고추장에 대한 구매욕구가 생길 수 없다. 또 참깨, 레몬 등으로 맛을 희석할 수 있는 일본 된장에 비해 우리나라 장은 맛이 너무 강하다. 된장과 고추장은 어떤 조미료를 넣어도 그 장맛밖에 안 난다.

혼자 오랜 시간 '어떻게 회장님을 설득할 수 있을까' 고민했다. 그리고 고추장을 대체할 수 있을 만한 음식이 무엇일까 생각했다. 대기업은 회장님의 생각과 의지가 중요한 조직이다. 회장님이 고추장 소스를 가리키면 다들 고추장에만 열중하지, 고추장의 실제적 가치에 대해 따지고 드는 사람이 없다. 이런 분위기에서 내가 회의 중 그야말로 용감한 발언을 했다.

회장님, 저는 고추장을 반대합니다.

회장님 표정이 갑자기 바뀌는 것이 느껴졌다. 지금껏 고추장에 들인 공력이 너무 지대했기 때문이다. 나는 말을 이었다.

"회장님도 잘 아시다시피 우리나라 사람들은 짜장면을 좋아합니다. 일주일에 한 번, 적어도 한 달에 한 번 정도는 먹을 정도로 짜장면은 인기 있는 음식입니다. 하지만 가정집 냉장고에 춘장이 있는 사람이 얼마나 될까요? 짜장면을 좋아해도 춘장을 굳이 사려고 하지 않는데 떡볶이도 안 먹고 낙지볶음도 안 먹는 외국인이 우리나라 고추장 소스를 살까요?"

내가 고추장을 반대하는 열변을 토하자 회장님은 그럼 고추장 말고 무엇을 세계화할 수 있는지 물었다. 나는 우선 비빔밥 브랜드를 식당으로 만들어 '이것이 한식이다'를 보여주자고 했다. 그 다음으로 빠르게 상품화할 수 있는 것이 '만두'라고 제안했다.

내가 조사한 바에 따르면, 당시 미국 아시안 푸드 중 가장 많이 팔리는 게 만두였다. 만두 시장은 거의 중국 제품이 독차지하고 있었는데, 링링Ling Ling이라는 만두가 미국 판매량 1위였다.

그런데 링링에는 치명적인 단점이 있었다. 찌지 않은 만두를 그대로 냉동한 것이기 때문에, 소비자가 튀기거나 굽거나 삶아서 먹어야만 한다는 것이다. 즉 전자레인지로 단순히 데워서 먹기는 어렵고, 식재료 중 하나로 사용해야 한다.

그런데 우리나라는 만두 기술이 상당히 발달해 있다. 그래서 식재료 기능을 넘어 간편식 개념으로 전자레인지에 간단히 데워서 먹을 수 있다. 이때 회장님은 만두가 중국 것이지 어떻게 한국 것이냐고 물으셨고 나는 답했다.

중국 만두는 피가 두껍고 기름기 많은 고기를 사용해서 느끼합니다. 하지만 우리나라 만두는 비교적 기름기 없는 고기를 사용하고 거기에 두부나 당면, 야채가 많이 들어가 담백합니다. 섬유소와 단백질, 지방이 골고루 들어가니 영양소도 풍부하고요. 그래서 외국인 입맛에도 가장 잘 맞습니다.

회장님을 설득한 끝에 고추장 대신 만두를 개발할 수 있게 되었다. 만약 회장님이 "그렇다면 고추장 말고 무엇이 좋겠는가"라고 물었을 때, 내가 아무 답도 하지 못했다면 어떻게 됐을까. 전 세계 아시안 푸드 시장을 조사하고, 만두 판매량과 1위 만두의 특징을 분석하지 않았다면 지금의 비비고는 없을지도 모른다.

난 늘 문제가 있다고 생각했을 때 시장과 소비자를 철저히 분석해서 대안을 찾는다. 대안 없이 비판과 비난만 쏟아내는 것으로는 다른 사람을 설득할 수 없다. 대안 없는 논쟁은 일의 속도만 느리게 할 뿐이다.

회장님을 설득하는 데 있어서 첫 번째 조건은 성공을 예측하게 만드는 일이었다. 회장님이 나의 의견에 동의할 수 있는 간단하면서도 핵심을 찌르는 자료를 만들어야 했다.

특히 이재현 회장님은 기업을 물려받기만 한 재벌 3세가 아니다. 제일제당 하나를 물려받아 거의 모든 계열사를 인수합병하고 새로 창업해 CJ그룹을 만들었다. 창업할 때도 본인이 기획자로 바닥부터 실력을 다져오신 분이다. 그러니 정확한 논리와 타당성 없이 발표하는 사람에겐, 여지없이 불호령이 떨어진다.

그 큰 조직에서 무조건 할 수 있다, 기회를 달라, 열심히 하겠다고 한들 성공할 수 있을까? 조직 안에서 성공을 이룬다는 것은 혼자는 결코 불가능하다. 조직을 움직여야만 가능하다. 조직을 움직이기 위해서는 욕먹기를 두려워 말고 자리를 내놓겠다는 각오부터 해야 한다.

대기업에서 조직생활을 하다 보면 가장 많이 듣는 단어가 R&R(Role&Responsibility, 역할 권한과 책임)이다. 그만큼 대기업은 지나친 월권을 가장 싫어한다. 그래서 나도 그 선을 지키며, 최대한 회장님과 조직을 설득하려고 노력했다.

비비고를 통해 마침내 한식의 패스트푸드화를
이룰 수 있었다. 원하는 토핑을 선택하면 빠른 시간 안에
신선하고 건강한 비빔밥을 제공한다.

by 박현철 디자이너

비비고 로고 하나를 결정할 때도 우리는 수십 개의
후보를 두고 수백 시간을 회의했다.

만두 100접시를 비워낸 후에야
최고의 만두를 만들 수 있었다

회장님께 결재를 얻고 만두를 시작했을 때 내가 가장 먼저 한 일은 만두의 레시피를 만들 셰프팀을 구성하는 것, 그 레시피를 공장화할 수 있는 기술자를 찾는 일이었다.

당시 대한민국 만두 넘버원은 해태 고향만두였다. 2위는 풀무원 물만두였고 3위가 CJ의 백설 군만두였다. 그러니 CJ에 최고의 만두 기술자가 있을 리 없었다. 나는 만두 기술자를 스카우트하는 일부터 서둘렀다.

이때 만난 인물이 막 정년을 눈앞에 두고 있던 냉동팀 연구원 강기문 님이었다. 나는 나와 함께 일하는 게 쉽지 않다고 말하며, 함께할 수 있을지 물었다. 그분은 부족하지만 의미 있는 일에 최선을 다해보겠다고 했다. 자세가 참 좋은 분이기에 그분을 생산 개발자로 선정했다.

이제 리서치 과정이다. 레시피를 개발하기 위해 전국을 돌며 대한민국의 대표 만두를 찾아다녔다. 그 과정 자체가 너무도 귀중한 자료라 올리브TV 채널에서 〈만두명가〉라는 6부작 다큐멘터리를 동시 기획했다. 나와 권우중 셰프, 그리고 요리 잘하는 배우

김성수 이렇게 셋이 전국의 만두를 찾아 떠나는 콘셉트였다.

3개월간 전국의 만두명가를 떠돌았다. 심지어 종갓집 만두까지 다 맛본 뒤 비로소 한국 만두에 대한 확실한 감을 갖게 되었다. 그리하여 비비고 만두의 방향으로 잡은 것이 개성만두였다. 고기의 양과 채소의 양이 적절하게 균형을 이루어 담백한 맛이 특징이다. 그전의 만두들이 고기 재료에 집착했다면 비비고 만두는 고기와 채소에서 동시에 나오는 육즙과 담백함에 중점을 두었다.

그런데 소량으로 만든 샘플이 아무리 맛있더라도 공장에서 만들 수 있는 레시피로 바뀌는 순간 완전히 다른 맛이 된다. 그 시점에서 대부분은 어쩔 수 없다는 핑계를 대고 맛을 포기한다. 공장에서 돌렸을 때 나오는 맛의 한계가 존재하기 때문이다.

하지만 나는 맛을 포기하지 않았다. 공장에서 대량으로 만들어도 샘플과 동일한 맛이 나오는 레시피가 완성될 때 생산에 들어가야 한다고 생각한다. 시작할 때 정한 기준에 충실해야지 타협하는 순간 존재 가치는 사라진다는 것이 나의 철학이다.

비비고의 맛이 나올 때까지 강기문 연구원과 우리 팀은 100번을 넘게 시식하고 또 시식했다. 이건 피가 질기다, 이건 퍽퍽하다, 이번엔 조화가 안 맞는다, 피와 소가 분리된다 등등.

수없이 시식한 후 90% 정도 맛이 완성되었을 때 나는 지주사 인사팀에 부탁했다. 나는 이 만두의 성공을 확신하는데, 만에 하나라도 이 고생을 해서 완성한 레시피가 다른 회사로 갈 수 있으니 강기문 연구원을 임원으로 발령해달라고 했다.

하지만 정년을 한 해 앞둔 냉동팀 연구원을 임원으로 승진시킨 사례가 없다며 인사팀은 거절했다. 나는 편협한 그들의 조직논리와 정치적인 판단에 반기를 들고 회장님께 절절한 사연의 메일을 보냈다. 강기문 님을 꼭 임원으로 발령해서 R&D 연구원도 임원이 될 수 있다는 것을 보여달라는 내용이었다.

마침내 2013년에 강기문 연구원은 정식 직책은 아니지만 임원급 대우를 약속받았고, 이 일이 후배들에게 희망을 주게 된 것에 대단히 기뻐했다.

비비고의 맛은 CJ 비비고 TF팀 조직의 기술력과 열정, 모든 수고가 결집되고 응축된 엑기스 그 자체였다. 그럼에도 이 지독했던 과정을 모르는 사람들은 우리를 향해 손가락질하기도 했다. 타인의 노고를 폄하하는 사람들은 조직에서 부속으로만 사용될 것이다. 조직에는 두 종류의 사람이 있다. 그저 부품으로만 사용되는 사람과 그 조직의 역량과 실력을 십분 활용하여 자신을 개발하는 사람.

정년퇴직한 냉동팀 연구원,
최초로 제일제당 임원으로 재입사하다

비비고 만두는 과거의 어느 만두보다 신선했고, 건강한 맛이 있었다. 첫 출시부터 품절을 겪는 대박 행진을 이어나갔고, 드디어 고향만두를 이기는 쾌거를 달성했다.

회사에 큰 성공을 안겨줬으니 다음해 인사철에 나는 당연히 강기문 연구원이 상무로 진급할 줄 알았다. 그런데 발표 전 리스트를 받아보니 어디에도 강기문이라는 이름은 없었다. 당시 인사팀이 그를 정년퇴직 처리한 후 고문으로 계약한 것이다. 그때 나는 비로소 실감했다. 조직이란 그들이 만들어놓은 룰과 틀에 들어올 수 있는 자들만의 리그라는 것을.

아마도 그들은 내가 끝까지 강기문 연구원을 챙기지 않을 줄 알았던 것 같다. 나는 이 일을 부회장님께 다시 보고드렸고, 결국 그는 제일제당 최초로 연구원 출신 임원이 되었다. 그리고 정년퇴임 후 재입사라는 기록을 갖게 되었다.

나는 비비고를 기획해서 고향만두를 이기고 국내 1위 만두의 쾌거를 이룬 것도 자랑스럽고, 링링을 이겨 미국 내 1위 브랜드를 만든 것도 자랑스럽다. 하지만 그에 못지않게 냉동팀 연구원을 제일제당의 임원으로 승진시킨 것도 자랑스럽다. 이 일은 나 같은 싸움닭이 아니면 불가능했을 것이다.

강기문 상무(현재 부사장)는 정년을 훨씬 넘긴 나이에도 CJ에 없어서는 안 될 인재로 자리매김했다. 그가 아니었다면 내가 퇴사한 이후 비비고란 브랜드는 더 발전하지 못했을 것이다. 그 시절 우리는 비비고에 모든 것을 다 쏟아부었고, 비비고의 계절을 만들기 위해 혼을 불태웠다. 그는 나에게 안부와 감사의 인사를 전하곤 한다. 또 내가 매장을 새로 오픈하면 꼭 찾아와준다. 우리의 인연이 그만큼 특별하기 때문이다.

강기문 상무 외에도 많은 사람이 비비고라는 브랜드에 온 마음과 열정을 다했다. 비비고의 첫 레시피를 만든 것은 나와 20년을 함께해온 김용환 셰프이고, 비비고라는 이름은 나의 좌뇌이자 왼팔인 황경아 부장이 제안한 것 중 하나였다.

로고는 박현철 디자이너가, 패키지는 지금은 고인이 되었지만 너무 멋졌던 제일제당 김지선 상무와 그녀의 팀이 디자인했다. 브랜드 매니저는 곽정우, 광고는 브랜드전략팀의 김윤전, 상품기획은 나의 우뇌이자 오른팔인 김우선이 맡았다. 마지막으로 비비고가 세계적인 브랜드가 될 수 있었던 것은 CJ아메리카 한수 부장의 노력이 있었기 때문이다.

CJ그룹 출신 중 자신이 비비고를 만들었다는 사람은 수백 명이다. 심지어 비비고 브랜딩 관련 강의까지 하고 다니는 사람도 있다. 이 기회에 기록으로 남기고 싶다. 비비고를 진짜 만든 사람들은 누구인지 말이다.

나의 전략이 틀렸다면,
좌절하기에 앞서 전략을 수정한다

비비고의 세계화는 크게 두 가지 방향으로 진행되었다. 하나는 만두 같은 다양한 HMR 제품을 마트 등에 납품하는 식품 제조 사업이고, 다른 하나는 비빔밥을 필두로 한 한식 외식 사업이다.

제조 사업은 2009년 미국에서 미니 완탕Mini Wontons을 출시하면서 시작되었다. 미니 완탕은 한입 사이즈의 작은 만두로 한입에 먹기 힘든 큰 사이즈의 중국 만두 링링과 정반대의 콘셉트다. 우리의 주 고객층은 한입에 쏙 들어가는 음식을 선호하는, 건강과 다이어트를 늘 고민하는 20~30대 여성이었다.

나의 마케팅의 원동력은 여자들이다. 무엇보다 20~30대 여성들이 좋아해야 한다. 그들이 먼저 좋아해야 입소문도 빨리 나고 상품에 대한 호감도가 다른 소비자층으로 확산된다.

본격적인 외식 사업 진출은 2010년에 베이징, LA, 싱가포르에 비비고 매장을 오픈하면서 시작되었다. 우리는 비빔밥에 원하는 토핑을 선택할 수 있게 했고, 에피타이저로 비비고 미니 완탕을 내놓았다. 그리고 손님이 주문하면 아주 짧은 시간 안에 음식을 제공했다. 마침내 내가 오랫동안 꿈꿨던 비빔밥의 패스트푸드화를 이뤄낸 것이다.

　　마케팅을 어떻게 할 것인지에 대해서도 고민을 많이 했는데, '강남 스타일'로 미국에서 가수 싸이 열풍이 있을 때라 싸이가 홍보모델로 적합하다고 판단했다. 그가 가는 곳마다 비비고 만두를 홍보하고, "싸이와 함께할 셰프를 뽑는다"는 프로모션을 했다. 유튜브를 통해 전 세계에서 셰프를 선발했고, 그들과 함께 푸드트럭을 운영하기도 했다.

　　예전 비비고 만두 광고를 보면, 싸이가 미국에서 비행기 타고 서울로 오면서 만두 먹는 장면으로 시작한다. 미국에서 성공한 비비고 만두가 서울로 들어온다는 콘셉트다. 덕분에 미국에서 비비고 만두는 엄청난 성공을 거두었다.

　　2012년에는 런던 올림픽에 맞춰 런던에도 비비고 식당을 오픈했다. 런던 시장이 가능성 있다고 판단한 것은, 런던 사람들이 외국 음식에 대한 거부감이 적은 편이기 때문이다.

영국은 과거 인도, 홍콩을 식민지로 두었는데, 이때 수도인 런던에 인도와 홍콩 음식이 자연스럽게 전파되어 일찍이 외국 음식을 접할 기회가 많았다. 런던 곳곳에는 이미 다양한 나라의 식당들이 많은 상태였다. 인도의 치킨 티카 마살라 같은 음식은 이제 영국인의 소울푸드가 되었을 정도다.

하지만 우리의 전략은 다소 조심스러웠다. 런던 일식집의 경우, 퓨전 음식을 파는 가게가 많았다. 우리도 정통 한식이 부담스러울 수 있겠다 싶어 퓨전 한식으로 접근했다. 비빔밥은 정통으로 만들었지만, 나머지 한식은 영국 사람들 입맛에 맞게 변형했다.

당시 영국 신문들에서는 나를 가리켜 "한국의 마사 스튜어트가 와서 런던에 한식당을 개업한다"는 식의 기사나 인터뷰를 몇 차례나 내보냈다. 그리고 빅토리아 앤 알버트 뮤지엄에서 이례적으로 한국 문화행사를 열어 비비고 시연 행사를 했다. 덕분에 비비고 매장의 인기는 나날이 높아졌다.

런던이나 뉴욕은 평론가의 힘이 막강한 곳이다. 현지 평론가의 평가에 따라 식당 인지도가 대폭 올라가기도 하고, 가게가 망하기도 한다. 그런데 런던 비비고가 평론가들의 혹평을 받는 일이 생겼다. 비비고에 약간의 퓨전을 더한 것이 그들에게는 오히려 비겁한 상술로 평가받은 것이다.

Korean Healthy Fresh Kitchen

비비고를 통해 마침내 한식의 패스트푸드화를
이룰 수 있었다. 원하는 토핑을 선택하면 빠른 시간 안에
신선하고 건강한 비빔밥을 제공했다.

'강남 스타일'로 전 세계를 사로잡은 싸이를
비비고 첫 모델로 세운 것은 신의 한 수였다.

CJ푸드월드의 비비고 매장을 방문한 마사 스튜어트에게
한식을 소개했다. '신선한 재료'와 '건강한 맛'은
한식이 가지고 있는 최고의 무기라고 생각한다.

이후 거짓말처럼 사람들의 발길은 뚝 끊어졌다. 그전까지 싸이 광고 모델 효과와 올림픽 붐 덕분에 붐볐던 식당이 일시에 썰렁해졌다. 나는 다시 정신 차리고 이 일을 어떻게 수습해야 할지 고민했다. 상황이 너무 부끄러워서 짐 싸서 서울로 돌아갈까도 생각했지만, 다시 한번 해보자고 의지를 다졌다.

가게 문을 닫고, 공들여 스카우트했던 퓨전 셰프를 한국으로 돌려보냈다. 몇 안 되는 직원들과 매장에 매일 나와 머리를 맞대고 고민한 끝에 결심했다. 이제부터는 정통 한국 음식으로 정면승부하기로.

우리는 김치찌개, 순대, 갈비찜, 닭강정 등 제대로 된 한국 음식으로 메뉴를 바꾸고 다시 문을 열었다. 당시에는 한 차례 실패로 홍보할 돈도 없었는데, 신기하게도 입소문을 타고 사람들의 발길이 계속 이어졌다. 순대를 먹으러, 김치찌개를 먹으러 사람들이 몰린 것이다.

비비고 런던점은 다음 해인 2013년과 2014년 2년 연속 깐깐하기로 소문난 미슐랭 가이드에 이름을 올리며 런던 사람들에게 인정받는 식당이 되었다.

지금도 정통 한식을 먹기 위해 줄을 선 외국인들의 모습이 종종 떠오른다. 그때의 감동적인 느낌은 이루 말할 수 없다. 그때 나는 다시 한번 눈앞에서 확인했다. 한식을 세계적인 음식으로 만드는 것이 결코 불가능한 일이 아님을.

어제의 결과를 곱씹어
내일의 성과로 만들다

비비고 만두는 미국과 한국에서 모두 판매량 1위를 달성하는 기념비적인 기록을 세웠다. 비비고는 오랫동안 업계 1위의 자리를 지켰던 만두들과의 경쟁에서 어떻게 승리할 수 있었을까?

일단 비비고 만두는 맛있다. 비비고는 가정에서 먹을 수 있는 맛을 최대한 살려 간편식으로 만든 최초의 HMR 브랜드다. 비비고 이전의 간편조리식 제품들은 맛의 측면에서 보면 한없이 부족했다. 매 끼니 즐길 수 있는 음식이라기보다 식사를 제대로 할 수 없을 때 어쩌다 한 번 먹는 음식이었다. 그래서 사람들은 맛이 없어도 참고 먹었다.

하지만 나는 라이프스타일이 변할 것이고, 바쁜 현대인에게 안성맞춤인 간편조리식의 수요가 점점 더 늘어날 것이라고 판단했다. HMR 시장에서 경쟁 우위를 가지기 위해서는 무엇보다 맛의 퀄리티를 높여야 했다. 그래서 나의 목표는 매일 사 먹고 싶고, 집밥보다 맛있는 제품을 만드는 것이었다.

앞서도 밝혔듯, 실제로 비비고 만두 개발팀은 100번이나 만두를 다시 만들었는데, 이 모든 게 최고의 만두 맛을 찾기 위한 노력이었다.

처음 소량의 샘플 음식을 먹을 때 대부분의 제품은 맛있다. 그러나 한입을 먹었을 때, 한 그릇을 온전히 다 먹었을 때, 따뜻할 때, 식었을 때, 얼렸다가 다시 녹였을 때의 맛은 모두 다르다. 나는 소비자들이 어떤 방식으로 먹더라도 맛있다고 느낄 수 있도록 계속 테스트했다. 그리고 대량으로 만들어도 샘플과 동일한 맛이 나오는 레시피를 완성했다.

비비고 만두 맛에 대해서만큼은 아직까지 자부심을 갖고 있다. 그래서인지 CJ를 떠난 지금도 만두를 먹다가 뭔가 부족한 느낌이 들면 담당자들에게 바로 의견을 전달한다. 애착이라면 애착이고, 욕심이라면 욕심일 것이다.

원작자의 의도와 그 맛을 잡은 척도를 깊이 이해하지 못하면 그 제품은 발전되기 힘들다. 성공한 결과물은 탄생의 순간을 빚어낸 창시자들의 열정에 공감하고 고객과의 접점을 충분히 답습해야만 그 이상으로 발전시킬 수 있다. 그런데 대기업은 물론 정치 조직에서도 자기가 만든 것이 아니라는 이유로 과거를 부인만 하다 보니 발전이 힘들어지는 것이다.

　새로운 제품 향상은 지속적으로 행해져야 하지만, 그 바탕에는 과거와 현재를 분석하는 각고의 노력이 있어야 한다. 어제의 결과를 복습하는 과정에서 답을 찾아 개선안을 도출해야 한다. 그런 노력 없이 진행하는 내일의 변화는 사상누각일 뿐이다.

기획자가 아니라
소비자의 눈과 입을 가져라

비비고의 맛은 철저히 소비자의 시각에서 관찰하고 연구한 결과물이다. 예를 들어 파스타를 개발했다고 하자. 그러면 제일제당 개발팀에서는 풀무원이라든가 여타 경쟁사 파스타를 먹어보고 그것보다 맛있는 파스타를 자랑스럽게 내놓는다.

　하지만 CJ가 상대하는 사람들은 매번 풀무원이나 오뚜기 파스타만 먹는 사람이 아니다. 유명한 레스토랑의 파스타를 맛있게 먹는 사람들이다. 우리는 그들이 레스토랑에 가지 못할 때 집에서 간단히 먹을 수 있는 파스타를 만들어야 한다.

콘셉트에 맞게 미국과 한국 비비고 만두에 차이점을 두었다.
미국 만두는 여성들이 한입에 넣기 좋게,
한국 만두는 담백함과 깔끔함을 느낄 수 있게 만들었다.

즉 우리 고객을 청담동에서 가장 고급스러운 파스타를 먹는 사람들로 설정해야 한다. 그리고 레스토랑의 셰프가 직접 만든 파스타와의 차이를 좁히고자 노력해야 한다. 우리의 경쟁 상대는 같은 공장생산 경쟁사가 아니다. 그곳보다 맛있게 만드는 것은 소비자 입장에서 아무 의미가 없다. 비교 기준은 명확히 소비자의 입맛이어야 한다.

내가 기획을 할 때 큰 그림을 그릴 수 있는 것도 공급자 마인드가 아니라 소비자 입장에서 모든 것을 바라보기 때문이다. 소비자를 관찰하는 것은 이제 나에게 일상을 지배하는 하나의 습관이 되었다.

나는 늘 유행하는 드라마의 시청률을 관심 있게 지켜보고, 어느 시점에서 그 시청률이 움직이는지를 포착한다. 그리고 잠들기 전에 그날의 영화 관객 수를 들여다본다. 매일 밤 12시 1분이 되면 영화 전산망 코비스kobis에 그 기록이 올라오는데 그것을 봐야 잠이 온다. 이런 습관이 바로 소비자를 읽는 힘이다.

나는 하다못해 어느 지역에 어느 식당이 인기 있다고 하면 바로 가서 먹어봐야 직성이 풀린다. 가끔은 직원을 대신 보내기도 하는데, 다녀온 직원이 "그 집 별것도 없던데요"라는 말을 할 땐 혼쭐을 낸다.

잘되는 집엔 반드시 이유가 있다. 만약 맛이 없는데도 사람들이 줄을 선다면 인테리어, 플레이팅, 특별한 메뉴 등 맛을 능가하는 무엇인가가 있는 것이다. 예민한 관찰력과 호기심으로 그것을 찾아야 한다.

소비자란 얼마나 변덕스러운 존재인가. 설사 하늘에서 보석이 떨어진다 해도 그 보석에서 불평거리를 찾아내는 게 소비자다. 반면 아주 미세한 차이에도 환호하고 손뼉 치는 사람들 역시 소비자다. 기획자라면 변덕스럽고 예민한 소비자의 마음을 읽기 위해 끊임없이 관찰하는 수밖에 없다.

그러기 위해서는 내가 진정한 소비자가 되어야 한다. 단, 단순히 소비하고 평가하는 데 그치지 말고 스스로 질문하고 이유를 찾아내는 예리한 소비자가 되어야 한다.

트렌드는 바다에 떠 있는 배와 같다. 작은 파도와 바람에도 흔들리고, 그 방향이 바뀐다. 그래서 기획자는 멀리서 그 배를 지켜보는 게 아니라 트렌드라는 배에 올라 파도를 타고 있어야 한다. 중요한 것은 트렌드를 읽는 게 아니라 트렌드 안에 내가 있어야 한다는 점이다.

브랜드를 키우는 것은
아이를 기르는 것과 같다

브랜드를 만드는 일이 어려울까, 관리하는 일이 어려울까, 아니면 리노베이션하는 게 어려울까? 어느 쪽이 가장 어렵냐는 질문을 곧잘 받는다. 사실 다 어렵다. 나는 브랜드를 하나의 생명체라고 생각한다. 그래서 브랜드를 탄생시키든 관리하든 리노베이션하든 어떤 경우에도 사람의 생명처럼 끊임없이 관찰하고 보살펴야 한다.

　브랜드를 만드는 일은 마치 아이를 출산하는 것처럼 굉장히 힘들고 애착도 많이 가는 일이다. 또 갓난아기가 끊임없이 손을 타는 것처럼 초기의 브랜드는 각별한 주의가 필요하다.

　브랜드를 키울 때는 아이 기르듯 모든 것을 계획해야 한다. 시장을 통해 키워지는 것이니만큼 더 세심해야 한다. 어느 날 아이가 밖에서 다치고 오는 것처럼 갑자기 경쟁 브랜드가 타격을 가할 수 있다. 그때는 미리 준비한 방법으로 대응해야 한다.

　브랜드도 병에 걸리거나 치료된다. 조직 내부가 부패하면서 병이 암세포처럼 전이돼 치유 불가능한 상태가 되기도 하고, 장기

이식으로 건강해지듯 일부 임원과 내부 조직을 교체함으로써 기적적으로 살아날 수도 있다.

사내 직원들과도 브랜드 기획회의에서 이런 비유를 한 적이 있다. 퇴근하고 집에 들어갔는데 당신 아이 얼굴에 조그마한 상처가 났다면 알아차릴 수 있을까? 당연히 알아차린다. 심지어 그 경위를 따지고 누군가에게 화를 낼 일이면 화를 내며 싸운다.

그런데 만약 마트에서 비비고 만두 패키지가 잘못 인쇄된 것을 본다면, 이때 당신 아이 얼굴에 상처 난 것처럼 화를 낼 수 있을까?

브랜드를 만들고 지키는 것은 애정과 관심에서 시작되는 일이다. 조그만 상처 하나에도 내 아이의 일인 듯 화내야 하고, 잘못될 때는 부모의 마음으로 무엇이 브랜드에게 최선일지 고민해야 한다. 그렇게 아이 키우듯이 브랜드를 관리하면 절대 실패하지 않는다.

계절밥상

chapter 3

계절밥상

브랜드 철학이란
'이것만은 지키겠다'는
소비자와의 약속

"브랜드와 브랜드의 싸움은 마라톤이다.
지치지 않으려면 자기 자신과 경쟁해야 한다.
추격해오는 경쟁자를 의식하는 순간
나의 페이스도 같이 무너진다.
일관된 철학, 이유 있는 고집이
오래가는 브랜드를 만든다."

존재의 이유를 증명하는 것이
진정한 브랜딩이다

포스트 코로나를 넘어 위드코로나 시대가 됐다. 비대면이 일상이 되면서 소통, 나눔과 같은 따뜻한 단어들이 점차 사라지고 있다. '혼밥', '혼술'이 당연한 세상이 됐다. 우리 젊은 세대들이 이런 차갑고 서늘한 단어들 속에서 살아가야 한다는 것, 기성세대의 한 사람으로서 참 가슴 아픈 일이다.

코로나19는 식음료 사업 분야에도 엄청난 변화를 불러왔다. 특히 '뷔페' 형식의 매장들이 운영을 중지하거나, 저조한 매출을 극복하기 위해 어떻게든 살길을 찾으려는 모습을 보면 옛날 생각이 많이 나곤 한다.

한식 뷔페 레스토랑 '계절밥상'은 '나눔'과 '상생'이라는 메시지를 전하고 싶어 만든 브랜드였다. 결과적으로는 아쉬움이 많이 남게 되었지만, 계절밥상이야말로 내가 눈물로 만든 브랜드다.

CJ 회장님은 늘 '텐텐'이라는 말씀을 하셨다. 현재 진행 중인 브랜드 10개와 함께 향후 미래를 대비하는 브랜드 10개를 준비하라는 것이다. 회장님은 그만큼 브랜드의 중요성을 알고 계셨고, 멀티 브랜드로 CJ가 우리나라 식품산업의 선구자 역할을 하길 원하셨다. 그래서 우리는 늘 새로운 브랜드와 먹거리를 연구했다.

2013년, CJ그룹이 마치 공공의 적인 듯 공격을 받던 시기가 있었다. CJ는 우리나라 식문화 산업에서도 그렇고, 문화 콘텐츠 사업에서도 대한민국을 빛내는 데 큰 역할을 하고 있었다. 그런데 그룹과 오너에게 터무니없는 비방과 공격이 난무하는 것을 보고, 이렇게 선한 영향력을 행사하는 기업의 진심을 사람들이 왜 몰라줄까 너무 안타까웠다.

그 와중에 내가 할 수 있는 일이 무엇일까 고민했다. CJ가 대한민국 먹거리 산업에서 어떤 역할을 하고 있는지를 제대로 보여주고 싶었다. 전 국민에게 사랑받는 '한식' 브랜드를 만들 수만 있다면 식문화를 선도해온 CJ의 위상을 다시 높일 수 있을 것 같았다. 그렇게 기획하게 된 것이 바로 계절밥상이다.

명확한 콘셉트는
본질을 건드릴 때 나온다

한식 레스토랑의 콘셉트를 정할 때, 처음 든 생각은 한식의 본질에 대한 것이었다. 한식이라고 하면 기본적으로 '우리 것으로 만든 음식'이라 생각한다. 그런데 현실은 그렇지 않았다.

외식을 하다 보면 한식이라도 중국산, 미국산 등 외국산 식재료로 만든 음식이 주변에 널려 있고, 심지어 원산지가 불분명한 음식도 많았다. 먹거리에 대한 사람들의 신뢰가 점점 떨어지던 때였다. 이럴 때일수록 우리는 본질에 집중해야 한다고 생각했다.

우리 땅에서 나고 자란 식재료로 음식을 만들자.
그리고 그 식재료를 직접 살 수 있게 장터를 만들자.

'장터형' 콘셉트는 생산자, 소비자, 판매자가 모두 만족할 수 있는 새로운 유통 방식이었다. 국내 농가에서 생산된 식재료 위주로 70여 종의 음식을 제공하고, 매장 내에 식재료를 살 수 있는 장터를 두는 형식이다. 소비자는 음식을 먹어본 후 살 수 있어 더 믿음이 가고, 회사는 생산자와 중간 마진을 뺀 직거래 방식으로 식재료를 사입하기 때문에 서로 상생할 수 있는 구조다.

콘셉트를 논의하다 또 하나 생각한 단어는 '계절'이었다. 계절 콘셉트는 지금은 흔하지만 당시에는 처음이었다. 계절에 따라 수확하는 농수산물이 다르지 않은가. 어떤 식재료든 제철이 있고 제철에 가장 맛있다.

산지 제철 음식을 시즌마다 다양하게 선보이려면 '뷔페' 형식이 제격이었다. '그 계절에 먹을 수 있는 가장 맛있는 밥상'이라는 취지를 살려 이름도 '계절밥상'이라고 지었다.

메뉴군은 크게 쌈, 밥, 찬, 디저트로 나눴다. 한국식 레시피로 만든 샐러드, 그릴과 찜요리가 있었고, 먹기 편한 주먹밥, 즉석에서 만드는 면요리를 더했다. 디저트에는 추억의 간식을 모티브로 해 쌀과자, 호떡 등의 메뉴를 넣었다.

디자인 콘셉트는 '코리안 빈티지'로 정했다. 로고뿐 아니라 매장 인테리어, 식기까지 한국의 감성을 살리는 데 초점을 맞췄다. 그리고 CJ의 HMR 제품, 특히 비비고 만두는 브랜드를 노출해서 그대로 보여줬다. 일종의 마케팅 전략이었다.

계절밥상의 레시피를 개발하는 과정은 매우 재미있었다. 전국 방방곡곡에서 가장 맛있는 제철 식재료를 찾다 보니 그동안 잘 알려지지 않은 새로운 식재료를 찾는 행운도 있었다. 당연히 그에 따른 레시피도 새로 연구했다.

예를 들어 겨울수박이라 일컫는 '동과'가 그렇다. 길쭉한 수박처럼 생긴 채소인데, 동과로 동치미를 담갔다. 아마도 동과를 식재료로 가장 먼저 사용한 식당이 계절밥상일 것이다.

거창한 콘셉트보다
소박한 진심을 전달하라

생산자들과의 유대도 기억에 남는다. 중간 유통 없이 생산자로부터 직접 식재료를 사입했고 생산자들도 당연히 좋아했다.

매장 디스플레이를 할 때도 이 음식의 재료는 무엇이며, 어느 농부가 어디에서 생산했는지 전부 써넣고, 실제 산지 농부들을 광고 모델로 쓰기도 했다. 수확부터 요리까지 모두가 한마음으로 진정성을 다해 만든 음식이라는 점을 강조하고 싶었다.

매장 내에 마련한 장터에서는 실제로 식재료를 살 수 있었는데, 새로운 형태의 유통 구조임과 동시에 고객을 위한 체험 마케팅이기도 했다. 사람들은 모름지기 자기가 먹어본 것을 산다. 예컨대 잘 익은 동과 동치미를 맛있게 먹었다면 현장에서 판매하는 동과에 눈길이 가기 마련이다.

계절밥상

그렇다고 국내산 쌀을 홍보한답시고 무거운 쌀 포대를 팔아서는 안 된다. 맛있는 한 끼를 먹고 집으로 돌아가는 길에 '가볍게' 들고 갈 수 있게끔 판매 상품을 구성했다.

뷔페 가격은 점심 기준 1인당 1만 3천 원이었다. 당시 웬만한 식당 백반이 7천 원 정도인 것에 비하면 굉장히 저렴한 금액이었다. 국내산 식재료로 만든 음식을 1만 3천 원에 무제한으로 먹을 수 있게 한 것은, 매출과 이익만을 추구한다면 내릴 수 없는 결정이었다.

계절밥상은 CJ그룹 버전의 공익사업의 일환으로 시작되었다. 먹거리와 한식에 대한 CJ의 비전과 철학이 이렇다는 것을 계절밥상이라는 브랜드 자체로 보여주고 싶었다.

매출을 위한 브랜드가 아니다 보니 예산이 많지 않았기에 매장을 정할 때도 고민이 많았다. 임대료를 최대한 낮출 수 있는 곳이어야 했다. 첫 번째 매장은 판교 '아브뉴프랑'이라는 쇼핑몰로 정했는데, 그중에서도 임대료가 가장 저렴한 안쪽 깊숙한 자리였다.

사람들이 잘 오지 않는 곳이라 장사가 안 되면 어쩌지 하며 마음을 졸였다. 그런데 감사하게도 오픈하는 날부터 손님들이 물밀 듯이 밀려왔다. 대기표가 200개씩 나가고 예약 전화가 쏟아졌다.

BI design by Kelita & Co.

계절밥상의 콘셉트는 '코리안 빈티지'로 한국의 감성을
살리는 데 초점을 맞췄다.

가족끼리, 친구끼리, 남녀노소 할 것 없이 계절밥상을 찾았다. 계절밥상 덕분에 판교 자체가 들썩였다.

판교 계절밥상 이후 여기저기에서 입점 제안 전화가 왔다. 그런데 나는 계절밥상을 여느 프랜차이즈처럼 문어발식으로 확장하고 싶지 않았다. 이 브랜드의 핵심은 신선한 식재료인데 전국 산지에서 식재료를 운반하는 일이 만만치 않기 때문이다.

프랜차이즈 사업을 할 때 첫 점포가 잘되면 매장 수를 계속 늘리는 게 당연한 수순인 것 같지만 그렇지 않다. 브랜드의 철학이란 소비자와의 약속이다. 신선한 제철 재료로 만든 맛있는 한식을 대접하겠다는 브랜드 철학을 지킬 수 없다면 소비자와의 약속을 저버리는 것이다. 내가 생각한 계절밥상의 그다음 계획은 전국 각 지역에 매장을 딱 하나씩만 만드는 것이었다.

통영에는 통영밥상, 전주에는 전주밥상, 제주에는 제주밥상.

말하자면 지역 고유의 맛이 살아 있는 계절밥상의 서브 브랜드다. 지역에 단 하나뿐인 계절밥상을 만들면, 산지 식재료의 빠른 공수로 더욱 신선하고 건강한 음식을 만들 수 있고, 특산물을 활용해 새로운 한식 레시피를 개발할 수도 있다.

합리적인 가격으로 건강한 음식을 무제한으로 즐길 수 있고, 생산자와 상생하는 식당을 만드는 것, 더 나아가 한식 문화가 발전하는 데 도움이 되는 것. 이것이 지금 CJ가 해야 하는 일이라고 생각했다.

가격 경쟁은 모두가 함께 망하는 길
경쟁사의 추격으로부터 살아남는 법

브랜드를 만드는 것도 어렵지만 유지하는 것이 더욱 어렵다. 나만 조심한다고 되는 일이 아니다. 갑자기 어디에서 나타날지 모르는 위험요소에도 대비해야 한다.

계절밥상이 성공하자 비슷한 콘셉트의 한식 뷔페들이 생겨났다. 신세계는 '올반'을, 이랜드는 '자연별곡'을 만들었다. 경쟁업체의 매장들이 기하급수적으로 늘어났다. 특히 서울은 한식 뷔페가 지하철 출구마다 하나씩 있을 정도였다.

말하자면 교통사고였다. 내 길을 잘 가고 있는데 옆 차선의 차들이 추월하면서 길을 가로막는 형국이었다. 계절밥상은 대한민국 먹거리에 대한 자부심을 품고 심혈을 다해 만든 브랜드였다.

그런데 그들은 '한식 뷔페'라는 같은 콘셉트로 가격 경쟁 구도를 만들어버렸다.

막강한 자금을 앞세운 대기업들간의 '미투' 공세는 우리나라에만 있는 부끄러운 현실이다. 대기업들이 작정하고 덤벼들어 경쟁하면 속수무책으로 서로 방어할 수밖에 없다. 가격 경쟁 구도에 놓이면 둘 중 하나를 선택해야 한다. 단기적인 손해를 감수하더라도 고집과 집념으로 밀고 나가거나, 그들과 진흙탕 싸움을 하면서 같이 몰락하거나.

내가 CJ에 있을 때는 계절밥상 매장을 6개까지만 만들어 관리했는데, 퇴사한 후 계절밥상 매장이 어느 지역에 오픈한다는 기사가 쏟아지는 것을 보았다. 어쩔 수 없이 CJ도 경쟁업체들처럼 가격 경쟁과 지역 선점 싸움을 하게 된 것이다.

식당은 식자재 싸움이다. 가격을 내리려면 원가를 절감해 식자재에 들이는 비용을 낮출 수밖에 없다. 솔직히 고기 등급 하나만 떨어뜨려도 이익을 낼 수 있다. 이윤을 추구하는 모든 사업이 그렇겠지만 기존의 퀄리티를 유지하면서 비용을 줄여야 하는 건 가장 어려운 일이다.

하지만 식음료 사업을 경영하는 사람이라면 음식을 사랑하고 고객을 사랑하는 마음으로 숫자를 관리해야 한다. 그런 철학 없이

산지 제철 식재로 만든 건강한 밥상

계 절 밥 상

실제 산지 농부를 계절밥상 모델로 등장시켰다.
신선한 산지 재료를 사용한다는 콘셉트를 강조하기 위한
전략이었다.

숫자에만 집중하면 맛의 퀄리티는 떨어지고 브랜드의 철학은 점점 희미해진다. 그럴수록 손님들은 무엇이 변했는지 귀신같이 알고 더는 찾지 않는다.

한식 뷔페가 숫자 싸움이 되어버리면서 좌석 수 싸움에 메뉴의 가짓수까지 신경 쓰게 되었다. 결국 CJ뿐 아니라 다른 경쟁사들도 매출 부진과 비싼 임대료를 버티지 못하고 하나둘 매장을 철수했다.

애초에 계절밥상은 번화가가 아닌, 상대적으로 외진 곳에 매장을 열어 임대료를 낮추고, 빠른 테이블 회전율과 가심비를 만족시키는 방향으로 기획한 브랜드였다. 그런데 경쟁업체들이 물량 공세로 역산하니 다 같이 손해를 보는 상황이 된 것이다.

가격 경쟁은 다 같이 망하는 길이다. 손에 손잡고 저승길 가는 것이다. 다들 자기 자식 같은 브랜드일 텐데 시장에서 서로 난타전을 하는 것을 보면서 마음이 너무 아팠다. 결국 한식 뷔페는 한때의 붐으로 남았고, 지금은 몇몇 매장만 간신히 남아 있는 수준이 되어버렸다.

2등 전략은 침몰하는 배에
다 같이 타는 것과 같다

2등 전략이라는 말이 있다. 잘나가는 경쟁사 상품을 따라 만들어 시장의 파이를 나눠 먹으려는 전략이다. 물론 틀린 말은 아니다. 생각 없이 엉뚱한 걸 만드는 것보다는 낫다. 하지만 2등 전략으로 만든 브랜드나 상품은 결코 오래갈 수 없다. 파이의 한계를 벗어나면 서로 망하는 싸움이 되고 만다.

어떤 상품이 잘 팔린다고 해서 무작정 따라 하면 안 된다. 아이템이 아닌 상황을 봐야 한다. 잘 팔리는 맛과 가격, 서비스에 지갑을 여는 소비자의 마음을 읽어야 한다. 아무리 비슷하게 만들어도 각각의 브랜드는 그들만의 철학으로 소비자의 마음을 움직이는 것이다.

사실 경쟁 브랜드들도 한식 뷔페 시장의 파이를 늘렸다는 점에서는 큰 역할을 했다. 그것이 적절히 조절되면 서로 잘될 수도 있었다. 하지만 대한민국이 인구도 적고 지리적으로도 워낙 좁다 보니 서로 죽고 죽이는 싸움이 되어버린 것이다.

계절밥상이 끝까지 브랜드 철학을 지키고 키워나갔으면 좋았을 텐데 하는 아쉬움이 아직도 남아 있다. 철학적, 인문학적 가치를 포기하지 않고 원래 뜻대로 포부를 펼치지 못한 것이 정말 아쉽다.

1953년부터 대한민국 먹거리를 책임진 제일제당의 정신을 계승한 CJ푸드빌마저 흔들리고 있는 현실을 보고 있자니 쓸쓸함을 감출 수가 없다. 대기업의 시스템으로 운영되는 식당들이 점점 어려워지고 있다. 대기업이 식음료 사업을 선도하는 시대는 이제 끝난 것인가 하는 생각도 든다.

브랜드 수명은 기업 내 R&R 구조가 어떻게 작동하느냐에 달려 있다. 그런 면에서 우리나라 대기업들이 추구하는 R&R 방식으로는 브랜드를 오래 유지하기 힘들다. 브랜드를 만든 원작자의 철학을 지키는 것을 우선으로 하고, 그다음에 손익을 계산해야 하는데, 눈앞의 이익만을 보고 원가절감을 하거나 구조조정을 하는 일이 태반이기 때문이다.

또한 대기업이 운영하는 프랜차이즈 식당은 점포의 주인의식이 낮을 수밖에 없다. 매장을 책임지는 담당자가 대기업 직원이기 때문에 회사의 눈치만 보기 때문이다. 나는 식음료 사업은 점장에게 90% 이상 전권을 주고 모든 결정이 현장 중심으로 진행되어야 한다고 생각한다.

대기업에는 위치와 상권이 저마다 다른 점장들을 하나로 관리하기 위한 상위 조직을 두고 각 매장에 지시를 내린다. 현장을 모르는 사람들이 브랜드를 기획하고 운영하는 방식으로는 점점 진화하는 소비자의 니즈를 맞출 수 없을 것이다.

일관된 철학과 이유 있는 고집이 오래가는 브랜드를 만든다는 점을 잊지 않았으면 좋겠다. 업에 대한 본질을 지키는 것, 이것이 경영의 핵심임을 마음에 새기길 바란다.

세상의 · 모든 · 아침

ALL DAY FRESH KITCHEN

chapter 4

세상의 모든 아침

브랜드의 역사와
가치를 불어넣는 일,
스토리텔링

"모든 기업에서 경쟁력 제로라고 한 그 공간에
4개의 매장을 론칭하고 기적처럼 성공을 일궜다.
불가능할 것 같던 성공의 비결은 스토리텔링의 힘에 있다.
'느긋하게 호텔 조식을 즐기듯
한곳에서 전 세계의 아침 식사를 맛볼 수 있다면?'
세상의 모든 아침은 이런 단순한 호기심에서 시작되었다."

모두 실패할 것이라던 공간은
어떻게 핫 플레이스가 되었을까

말 그대로 세상의 다양한 아침을 먹을 수 있는 곳, '세상의 모든 아침'. 이곳 이야기를 하겠다. 요즘에는 줄임말이 유행이라 줄여서 '세모아'라고도 부른다. 한강을 끼고 서울을 내려다볼 수 있는 아름다운 뷰로 유명한 곳이다.

높은 빌딩의 차가운 금속 엘리베이터를 타고 올라오면 다른 세상에 안착한 듯한 공간을 마주하게 되는데, 이런 반전 매력으로도 소문난 곳이다. 이 공간이 지금처럼 사랑을 받기까지는 수많은 우여곡절이 있었다.

여의도에 위치한 전국경제인연합회(이하 전경련) 회관 50층과 51층, 두 층은 '더 스카이 팜THE SKYFARM'으로 되어 있다. 50층에는 다이닝 브랜드인 '세상의 모든 아침', '사대부집 곳간', '곳간'과 맞춤식 연회 공간인 '프로미나드Promenade', 이렇게 네 곳이 운영 중이다.

이중 세상의 모든 아침은 오픈 때부터 지금까지 예약 없이는 식사를 하기 어려울 정도로 인기가 많고, 곳간은 2016년 미슐랭 가이드 2스타에 오르며 세계적으로 맛을 인정받았다.

미슐랭에 등극하는 일은 결코 쉽지 않다. 결정 당일에야 전화가 오는데, 전화가 울리는 그 순간까지 피가 마르는 경험을 하게 된다. 그러한 경험을 치르게 한 곳간이니 자랑스럽지 않을 수 없다.

51층에는 식물을 재배하는 가든 팜Garden Farm이라는 공간이 있다. 더 스카이 팜의 가장 멋진 디너코스는 바비큐 파티인데, 이때 가든 팜에서 재배한 쌈채소를 함께 상에 올린다. 레스토랑에서 키운 채소를 먹는 아주 특별한 경험을 하게 되는 것이다.

더 스카이 팜은 오픈 첫 달부터 손익을 가뿐히 넘긴 브랜드로, 매우 순탄하게 성공한 것처럼 보인다. 하지만 전경련 회관 50층과 51층에 브랜드를 만들고 성공시킨다는 것은 거의 기적에 가까운 일이었다.

더 스카이 팜 이전, 이 공간은 3년이나 비어 있었다. 전경련에는 우리나라의 웬만한 기업이 회원으로 가입되어 있기 때문에 일찍이 전경련 임원들은 대기업부터 중소기업까지 식음료 사업을 할 수 있는 모든 기업에 이 공간의 기획을 의뢰했다. 하지만 대부분의 기업이 거절했다.

애초에 전경련 회관 꼭대기 두 층은 테라스로 만들기 위한 공간이었다. 대부분 건물 맨 꼭대기 층에는 설비 시설을 둔다. 하지만 전경련 회관은 50, 51층 전체의 파노라마 뷰와 테라스 공간을 만들기 위해 48, 49층을 설비 시설로 설계했다. 그래서 전경련 회관 건물에는 48, 49층이 없다. 2개 층을 기계실로 쓴 것이다.

덕분에 전경련 꼭대기 두 층은 서울 시내의 루프탑이 되어 대한민국에서 최고의 뷰를 감상할 수 있는 멋스러운 공간으로 남았지만, 이곳을 상업적으로 쓰기엔 결정적인 문제가 있었다. 16대의 엘리베이터 중 50층까지 곧장 올라갈 수 있는 엘리베이터가 단 2대뿐이라는 점이다. 600평의 공간을 엘리베이터 2대로 사업한다는 것은 사실상 불가능한 일이다.

회사 건물 안에 있는 음식점의 주요 소비자는 그 건물에서 근무하는 사람들이다. 전경련 회관 상주인원은 약 9000명이다. 만약 이 인원이 점심을 먹으러 50층에 올라가려면, 엘리베이터를 순차적으로 타고 1층으로 내려왔다가 50층으로 올라가는 단 2대의 엘리베이터를 이용해야 한다.

하지만 1층으로 내려왔다가 다시 식사를 위해 점심시간에, 또는 퇴근 후 50층으로 올라가는 샐러리맨들은 거의 없다. 바쁜 오전 업무를 끝내고 점심을 먹기 위해 1층으로 내려오면 건물 밖 하늘이 보인다. 아무리 훌륭한 레스토랑이 건물 꼭대기에 있다고 해도 오전 내내 업무에 시달렸던 건물로 다시 올라가긴 쉽지 않다.

아주 중요한 손님이 오는 날이 아니라면 자연스럽게 바깥으로 나가기 마련이다. 건물 바깥에도 맛집들이 많고, 지하에도 레스토랑이 20개나 있다. 그러다 보니 모든 기업에서 이 공간을 두고 경쟁력 제로라고 선언한 것이다.

건물 내에 있는 사람을 고객으로 받지 못하는 공간이라 할지라도 성공 방법이 아예 없는 것은 아니다. 단 하나의 방법이 있다. 바로 건물 밖의 사람들을 끌어올 만한 아주 특별한 레스토랑을 만드는 것이다. 멀리서도 찾아올 만한 매력적인 장소가 된다면 가능성은 있다. 그런 곳을 '데스티네이션 플레이스destination place'라고 한다.

다만 이런 공간을 만드는 것은 확실한 콘셉트와 와우 이펙트 wow effect가 있어야 하므로 굉장히 어렵다. 때문에 전경련 회관 루프탑 층은 오랜 기간 비어 있었다.

도심 속 농장을 일군다는
생각의 전환

내가 CJ 임원으로 있을 때 CJ에도 전경련 회관 50, 51층에 대한 의뢰가 들어왔다. 검토해보니 1년에 20~30억은 무조건 적자인 구조였다. 그래서 CJ는 이 의뢰를 거절했다.

모든 곳에서 거절하니, 당시 전경련 이승철 부회장님은 고민하지 않을 수 없었다. 이 어려운 상황을 해결할 수 있는 사람이 누구일지 수소문했다.

그러자 여러 사람이, 특히 사모님께서 만나본 적도 없는 CJ의 노희영 고문이라는 사람이 이 문제를 풀 수 있을 것 같다고 하셨다고 했다. 이승철 부회장님은 고문이라고 하니 내가 남자인 줄 알았다고 한다. 대기업의 고문 이미지가 그런가 보다. 카리스마 강렬하고 성질 까다로운 남자. 그런데 그분 사모님이 기사와 방송을 보시곤 '유명한 여자'라고 알려주더란다.

이승철 부회장님에게 연락이 와서 만나기로 했는데, 회사에서 당부하는 말이 있었다. 설득력이 뛰어나고 전략적인 이승철 부회장이니, 만나더라도 절대 전경련 임대 건에 말려들면 안 된다는 것이다. 무조건 거절해야 한다고 했다. 나는 고개를 끄덕였다.

그렇게 거절하겠다고 굳게 다짐하고 부회장님을 만났다. 역시 부회장님은 처음부터 그 이야기를 하지 않았다. 식사 장소도 전경련 건물이 아니었다.

그분은 CJ그룹이 대한민국 콘텐츠를 세계에 알리는 멋진 문화기업이라는 이야기를 시작으로 내 마음의 문을 열었다. 난 CJ를 대표하는 '거절의 사절'로 나간 셈이라 임대 이야기만 나오길 기다렸는데 식사가 끝날 때까지 그 이야기는 나오지 않았다.

식당 문을 열고 나와 차에 타기 직전에서야 부회장님은 말을 꺼냈다. 여기까지 왔는데 전경련 회관에 가서 커피나 한잔하자고. 그리고 나에게 보여줄 곳이 있다고 했다. 한번 올라가서 보기나 하자는 말에 결국 그곳에 가게 된 것이다.

50층에 내리자마자 일단 그 광활한 공간감에 조금 무서운 느낌마저 들었다. 600평이면 거의 축구장 크기다. 그리고 층고가 12미터다. 이곳을 상업공간으로 꾸민다면 인테리어 비용만 해도 어마어마하게 들어갈 것이다.

그런데 50층이 아닌 51층 테라스에 올라간 순간, 마음이 요동치기 시작했다. CJ에서 비빔밥 브랜드에 대한 이야기를 처음 들었을 때처럼 나의 도전심이 솟구쳤다. '한번 해보고 싶다'는 생각이 강하게 들었다.

나는 마켓오를 시작할 때부터 매장에서 식재료를 직접 재배하는 시스템이 트렌드가 될 거라고 생각했다. 식당 스스로 얼마나 신선한 재료를 쓰는지 소비자에게 보여주는 것이다. 그래서 계절밥상을 할 때도 이천에 농장까지 갖춘 매장을 만들려고 기획했었다.

그런데 51층을 보자마자 내가 구상했던 식재료를 재배하는 레스토랑의 그림이 떠올랐다. '농부의 정원'이나 '셰프의 정원'이라는 푯말을 내건 농장이 단숨에 그려지면서, 이 공간에 매료되었다.

나는 나무만 쭉 깔려 있는 테라스에 서서 상상의 나래를 펼쳤다. 온갖 구상이 머릿속에서 튀어나왔다. 내가 제일 많이 욕 먹을 때가 이렇게 '드리머Dreamer'가 되는 때다. 드리머가 되면, 다른 사람이 아무리 말려도 내가 원하는 방향으로 고집하기 때문이다.

나니까 할 수 있고
나라서 포기하지 않는다

상상만으로 두근거리는 전경련 공간에 강하게 매료된 나는 CJ에 돌아오자마자 그 일을 기획하겠다고 했다. 회사에서는 절대 안 된다고 말렸다. 회사 차원에서 이미 거절했던 건이고, 내게도 절대 넘어가지 말라고 신신당부했다. 하지만 나는 '나니까' 해볼 수 있

다고 했다. 내가 이미 여러 번의 성공 사례를 보여줬기 때문에 CJ
도 완전히 말리지는 못했다.

　　CJ와 전경련은 일단 계약은 하지 않고 설계부터 준비하기로
했다. 그런데 2014년 9월, 내가 갑작스럽게 CJ를 그만두게 되었
다. 아직 계약한 것도 아니었기 때문에, 내가 그만두면 CJ는 전경
련 회관 일을 그만둘 것이 분명했다. 그래서 회사에 사표를 낸 그
날, 바로 이승철 부회장님에게 전화를 걸어 말했다.

　　부회장님, CJ가 아닌 노희영이 하겠습니다. 부회장님이 저를 믿으
　　신다면, 3개월만 기다려주세요. 어떻게든 돈을 마련해보겠습니다.

　　당시 CJ를 나와 독립한 나를 믿고 부회장님은 묵묵히 기다려
주셨다. 나는 미안한 마음도 마음이거니와, 그 일만은 꼭 해내고
싶었다. 그런데 내가 무슨 돈이 있겠는가. 그때 함께 회사를 그만
둔 박성훈 대표(전 카카오M 대표)와 다른 몇 명을 모아놓고 내 특
기인 설득 작전을 펼쳤다. "사실 우리 팀도 다 반대했던 프로젝트
지만 나는 가능성을 봤어요. 함께 해봅시다."

　　그런데 문제는 돈이었다. 일단 설계라도 마쳐야 투자자를 모
을 수 있으니, 설계 비용을 마련해야 했다. 박성훈 대표와 나는 돈
을 모아 CGV 때 함께 일해본 건축가 최시영 선생님에게 설계를

부탁했다. 예산이 너무 없으니 싸게 해달라고 무작정 졸랐다.

자본금이 없어 고민하던 때, 다행히 박성훈 대표가 9억짜리 롯데면세점 컨설팅 일을 받아와서 우리는 밤을 새우며 롯데면세점 일을 도왔다. 큰 그림은 박성훈 대표가 구상하고, 나머지 디테일한 디자인이나 부수적인 작업은 윤영혁이, 홍보 전략은 이지희 대표가 도움을 주셨고, 나는 MD 구성을 맡았다. 처음엔 사무실도 없어서 각자 집에서 하다가 나중에 롯데에서 사무실을 내주었다. 그렇게 우리는 밤낮 없이 일해서 자본금을 마련했다.

종잣돈을 만들고 난 후에는 투자자를 찾기 위해 여러 곳에서 프레젠테이션을 했다. 그러던 중 초록뱀미디어를 인수한 린다김 대표가 노희영과 꼭 일해보고 싶다고 했다. 초록뱀미디어는 중국 진출 계획을 갖고 있었다. 그래서 그곳과 함께하게 되었다.

당시는 한류의 인기가 절정이었을 때라 우리는 중국 타깃의 여러 가지 프로젝트도 구상했다. 사실 지금 생각해도 그들의 투자 결정은 대단한 일이었다. 초록뱀미디어가 우리를 믿고 40억 정도를 투자했기에 오늘날 여의도의 랜드마크, 농사짓는 전경련 회관 스카이 팜이 완성되었다. 그리고 나를 믿어주신 이승철 부회장님 덕분에 스카이 팜이 탄생할 수 있었다. 진심으로 감사드린다.

무조건 망하는 곳을 다르게 보면
무조건 성공하는 요지

초록뱀미디어는 엔터테인먼트 회사였기 때문에, 레스토랑 일은 우리를 믿고 전적으로 맡겼다. 그런데 정작 같은 업계 사람들과 기자들은 모두가 전경련 사업에 부정적이었고, 설계가 완성된 것을 보고도 힘들겠다고 했다.

600평이나 되는 공간을 엘리베이터 2대로 어떻게 채우겠냐는 것이다. 지역 특성상 여의도에는 주말에 사람이 거의 없다는 이야기들도 많았다. 아무리 노희영이라 해도 100% 망할 거라는 말까지 들었다.

모두 부정적으로 보았고, 나도 확신이 강하게 들지 않았기 때문에 너무나 걱정스러웠다. 그래서 크리스천임에도 불구하고 풍수지리를 잘 아는 조용헌 선생님을 찾았다. 조용헌 선생님은 〈조선일보〉 칼럼니스트로, 나는 사석에서는 조 선생을 뻰도사라고 부를 정도로 친하다. 그는 대한민국 최고의 도사와 무속인들을 만나면서 그 역시 거의 도사급에 오른 한학자다. 조용헌 선생님은 전경련 회관 50층을 조용히 둘러보더니 말했다.

여의도는 우리나라 지도에서 보면 배꼽이고, 배꼽에서 힘이 나오듯

국가의 힘 중 하나인 자금력이 나오는 곳이다. 그래서 박정희 대통령이 여의도에 금융가를 세운 것이다. 이 지역 안에서도 중심이 전경련 회관인즉, 이곳은 돈이 모이는 땅이다. 그리고 이곳은 360도로 전망이 뚫려 있다. 우리나라 사방이 보인다. 북한도 보이고, 인천이나 강남도 보인다.

조용헌 선생이 마지막으로 뱉은 한마디에 나는 비로소 확신을 얻었다.

이 요지에 노희영의 배짱까지 더해졌는데, 성공하지 못할 리 없다.

각각의 브랜드에
스토리를 만들다

전경련 회관 50층에는 세상의 모든 아침, 사대부집 곳간, 곳간 그리고 연회 공간인 프로미나드, 이렇게 네 곳을 만들기로 했다. 같은 공간에 있는 브랜드지만 나는 각각의 스토리가 있어야 한다고 생각했다. 브랜드의 스토리가 곧 브랜드의 가치를 결정하기 때문이다.

먼저, 이 공간 전체의 명칭을 '더 스카이 팜'으로 정했다. 하늘에 가까운 농장이라는 뜻이다. 그리고 '더 스카이 팜'뿐 아니라 전경련의 콘셉트도 함께 고민했다. 그래서 나온 것이 51층 가든 팜을 모티브로 한 '농사짓는 전경련'이다.

나는 전경련이 농부를 도와야 하고 농부도 전경련에 가입하는 날이 와야 한다고 생각했다. 농부들도 성공하는 세상, 전국에 있는 농부들이 전경련 마당에 와서 제품을 팔 수 있는 그런 세상을 꿈꿨다.

여기에 콘셉트를 두고 '우리들 옆에 가까이 있는 전경련'이라는 전경련 마케팅까지도 염두에 뒀다. 그전의 전경련은 일반 국민과는 거리가 먼, 돈 많은 기업이 모여 있는 이미지가 아니었던가. 어차피 전경련 속에서 일하게 됐다면, 제대로 하고 싶었다.

전경련 꼭대기 층에서는 아침에 해가 뜨는 것을 볼 수 있는데, 여기서 '아침'이라는 아이디어를 얻었다. 아침은 '새로운 시작'을 의미하기도 한다. 우리에게는 매일 새로운 시작이 있어야 한다. 이 메시지를 나누고 싶었다.

또 아침은 매일 신선한 재료로 하루를 맞는다는 의미이기도 하다. 그래서 레스토랑 이름을 '세상의 모든 아침'이라고 붙였다. 그리고 세계의 다양한 아침 식사를 메뉴로 정했다.

나는 어느 나라를 가든, 동행이 있든 없든, 혼자 아침 먹는 것을 좋아한다. 아무리 친한 사람과 여행을 가도, 일어나는 시간은 조금씩 다르기 마련이다. 각자 자신의 기상 시간에 맞춰 혼자 먹는 게 합리적이다.

　나 같은 경우는 좀 일찍 일어나는 편인데, 이른 시간에 혼자 호텔에 앉아서 아침 먹는 것을 좋아한다. 그때의 여유로움과 행복은 말로 표현할 수 없을 정도다. 그래서 바쁘거나 시간이 없어서 여행을 떠나지 못하는 사람들도 잠시나마 그 기분을 누리면 좋겠다고 생각했다.

　세계의 아침 식사에는 각 나라의 역사와 문화가 버무려져 녹아 있다. 그래서 나름의 특색을 가진다. 일본은 정갈한 반찬에 쌀밥을, 중국은 소화에 좋은 죽을 아침으로 먹는다. 프랑스는 아침에 크루아상 또는 바게트에 꿀이나 잼을 발라 간단하게 먹는다.

　미국의 아침 식사는 '아메리칸 브렉퍼스트American Breakfast'라고 따로 이름이 있을 정도로 유명한데, 토스트, 스크램블 에그, 베이컨, 소시지를 함께 먹는다. 영국의 '잉글리시 브렉퍼스트English Breakfast'와 아메리칸 브렉퍼스트의 차이는 거의 없지만, 영국에서는 '하기스Haggis'라는 블랙 푸딩을 곁들인다.

'세상의 모든 아침'에서는 세계 각국의 아침 식사와 그 안에 담긴 그들의 문화를 함께 경험할 수 있다. 특히 코로나 19 이후 세상의 모든 아침의 인기는 더 높아지고 있다. 외국에 나가지 못하는 상황에서 외국에서 아침 식사를 하는 듯한 경험을 할 수 있으니 훨씬 매력적으로 다가오는 것이다.

'사대부집 곳간'과 '곳간'은 전경련이라는 단체와 관련 있다. 나는 우리 사회의 리더들이 모인 전경련을 사대부의 공간으로 해석했다. 과거 사대부 문간방에서 일어났던 모든 일이 지금은 전경련 안에서 벌어지고 있다고 내 나름대로 정의했다.

이들은 나라의 돈을 관리하는, 즉 대한민국이라는 커다란 집의 곳간 열쇠를 쥐고 있는 사람들이다. '사대부집 곳간'과 '곳간'의 콘셉트는 이렇게 생겨났다.

결혼식 등 연회가 가능한 공간을 프로미나드라고 이름 지은 것은 그 의미가 '행진'이기 때문이다. 이 공간에서 부부가 새롭게 시작하고 앞으로 나아가며 축복받길 바라는 염원을 담았다. 작은 연회 공간에 '행진과 시작'이라는 스토리를 만든 것이다.

사대부
집
곳간

KOREAN
CULINARY
LEGACY

모든 브랜드에는 각자의 이야기와 역사가 있어야 한다.
나는 전경련을 사대부로, 나라의 곳간 열쇠를 쥐고 있는
곳으로 생각했다. 그렇게 '사대부집 곳간'이 탄생했다.

나의 마케팅 전략은
'백 코에 한 코'

더 스카이 팜의 손익분기점은 대략 월 5,000~6,000만 원 정도였다. 그래서 어렵다는 것을 알지만, 1억 정도 매출을 올리면 좋겠다고 생각했다. 그런데 정말 그 바람이 이루어졌다.

사실 세상의 모든 아침이 이 정도까지 성공할 줄은 나도 몰랐다. 지금도 여러 곳에서 입점을 부탁하는데, 선뜻 허락하기가 쉽지 않다. 현재 여의도점, 광교 앨리웨이점, 롯데월드몰점, 이천점, 이렇게 4개 지점이 있는데, 한 곳 한 곳 심사숙고해서 결정했다.

그중 사시사철 너무나 아름다운 이천점은 삶과 죽음의 아름다운 공존을 꿈꾸는 이천 에덴파라다이스호텔 내에 위치해 있다. 크리스천인 나에게 세상의 모든 아침 이천점의 헌정은 하나님 안에서 살겠다는 약속의 실현이었다.

광교 앨리웨이점을 열 때도 상당히 망설였다. 위치가 좋지 않아서다. 광교 앨리웨이에서도 가장 구석 자리에 있는 데다가 3층까지 올라가야 해서 유명하지 않은 브랜드가 들어가긴 어려운 곳이었다. 하지만 광교점 오픈 후, 사람들은 아침부터 줄을 섰다. 나도 깜짝 놀랄 만한 풍경이었다.

내가 생각하는 세상의 모든 아침의 성공 요인은 바로 콘셉트다. 브랜드 이름과 브랜드의 분위기가 젊은 여성 소비자들의 취향을 제대로 저격했다.

나와 기획팀은 브랜드 기획 과정에서 북유럽, 호주, LA를 다니며 자료를 모았다. 브랜드에 뉴욕, 파리의 세련된 느낌이 아닌, 넉넉함이 담긴 따뜻한 가정식 이미지를 담고 싶었기 때문이다. 그리고 인테리어와 식기, 직원 유니폼에 그런 이미지를 그대로 녹이려 했다.

요즘은 플라워 프린트 접시들을 많이 쓰지만, 세상의 모든 아침 개장 당시에는 그런 접시를 거의 쓰지 않았다. 많은 레스토랑이 깔끔하고 단순한 스타일의 그릇을 사용했다.

그런데 세상의 모든 아침에서는 할머니와 어머니가 물려주신 것 같은, 집안에서 대대로 쓰던 접시 같아 보이는 꽃무늬 그릇을 과감하게 사용했다. 그래서 음식이 놓인 테이블을 보면 흡사 유럽 어느 작은 식당의 느낌이 든다.

꽃무늬 접시에 담긴 이국적인 아침 메뉴를 맛본 고객들은 감탄을 연발했다. 유럽풍의 소녀스러운 직원 유니폼도 브랜드 이미지에 한몫했을 것이다.

그래도 식당은 역시 '맛'으로 승부해야 한다. 아무리 분위기가 좋고 그릇이 예뻐도 맛이 있어야 사람들이 찾는 것 아니겠는가. 그 맛을 홍보한 사람들, 사실상 세상의 모든 아침을 성공시킨 주인공은 인플루언서influencer들이다.

지금 시대는 먹는 것으로 '나'를 표현하는 시대다. 무엇을 먹느냐가 그 사람의 지위를 나타내기 때문이다. 인플루언서들은 자신이 먹는 음식이나 패션 그리고 그들의 라이프스타일로 자신의 위치를 표현한다. 그리고 인플루언서들을 지켜보는 대중들도 그들을 따라 하며 자신도 그들처럼 되길 바란다.

개장 당시가 5년 전쯤인데, 인플루언서라는 단어가 막 대중에게 알려지기 시작하는 시기였다. 처음에 나는 주로 가까운 연예인들을 초대해서 홍보를 부탁하곤 했는데, 주변 사람들이 말했다. 요즘엔 연예인도 중요하지만 인플루언서가 대세라고.

나는 남의 얘기를 안 듣고 밀어붙일 때는 밀어붙이지만, 맞는 말인 것 같을 땐 주변 이야기를 숙지하는 편이다. 그래서 인플루언서가 중요하다는 말을 듣고 나선 인플루언서에 관심을 갖게 됐다.

오픈 후 세상의 모든 아침을 방문한 인플루언서로는, 임여진 대표와 모델 겸 연기자로 성공한 배우 기은세 씨가 있다. 그들을 포함해 유명한 인플루언서들이 다녀가고 그들의 인스타그램에 예쁜 사진과 글이 올라간 뒤 많은 사람이 몰려들기 시작했다. 사진을 찍느라 찰칵거리는 소리 때문에 밥을 먹기 힘들 정도였다.

마케팅은 '백 코에 한 코'라고 생각한다. 뜨개 바느질에 비유한 말인데, 백 번 행동했을 때 그중 하나가 얻어걸릴 수 있다는 의미다. 나는 마케팅에는 전략이 없다고 생각한다. 백 코를 떴을 때 그 백 코는 노력을 의미하며, 그 노력은 운이 아니다. 그리고 그중 한 코가 걸리는 게 마케팅이다.

시대의 흐름에 맞춰 여러 가지 갈래의 마케팅을 진행하면 그중 어느 하나가 성공해 대중의 관심을 받는다. 무모한 이야기일지도 모르지만 그만큼 요즘 마케팅의 채널과 대상이 너무나 다양해졌다는 뜻이기도 하다. 확실히 5년 전 '한 코'는 인플루언서였다. 요즘 인플루언서는 1인 기업에 버금가는 영향력을 미친다.

나는 인스타그램이 뭔지도 몰랐지만, 그 위력을 실감한 후에는 인스타그램을 시작해 열심히 사진을 올리고, 다른 사람들이 무슨 사진을 올리는지도 관찰한다. 지금은 나 스스로 인플루언서가 되어 나의 브랜드를 알리려고 노력하고 있다.

기획자의 시각은
360°로 입체적이어야 한다

음식점을 창업하면서 '우리 엄마 레시피대로만 하면 성공할 것 같다'고 말하는 사람들이 많다. 그것은 아주 주관적인 본인의 취향을 말하는 것이다.

엄마 음식을 태어나서부터 지금까지 먹었으니 '우리집'의 맛에 가족이 길들여진 것이다. 하지만 음식점을 하려면 내 입맛을 버려야 한다. 브랜드의 콘셉트가 정해지면 그 브랜드가 타깃으로 하는 고객이 먹었을 때 맛있어야 한다. 불특정 다수에게 맞는 레시피, 누가 먹어도 맛있는 음식이어야 한다.

또 많은 음식을 할 때도 1인분을 할 때와 같은 맛을 내야 한다. 대량생산할 때의 레시피를 따로 연구해야 한다. 스스로 요리 솜씨가 있다고 생각해서 식당을 창업한 사람들이 쉽게 무너지는 것도 이 부분이다. 식당은 고작 열 그릇의 음식을 만드는 곳이 아니다.

유명 요리 선생님들이 식당을 열어도 문제는 있다. 주부들을 가르치는 요리 선생님들은 가성비를 중요하게 생각하지 않는다. 무조건 좋은 재료로 맛있게 만드는 것만 가르친다. 하지만 식음료 사업의 핵심은 비용 대비 최상의 맛을 내는 것이다.

식당이 맛으로 승부를 보는 사업이라고 생각한다면 그 사람은 기본이 안 된 사람이다. 식당이 맛있다는 것은 기본이다. 그리고 '맛있다', '맛없다'라는 것도 여러 가지 조건에 따라 달라진다.

가격 대비 만족도가 다르고, 세대별 만족도도 다르다. 20대에게는 달아야 맛있는 음식이고, 장년들에게는 싱거워야 맛있는 음식이다. 따라서 맛은 타깃에 맞춰 만들어야 한다.

나는 누군가 무엇을 내놓고 맛을 질문할 때 즉답을 해본 적이 없다. 그 음식의 가격을 묻고 이후 답한다. '맛있다', '맛없다'의 결정은 조건부일 수밖에 없다.

흔히들 식음료 사업을 '요리'라는 기술 사업이라고 생각하기 쉽다. 그러나 식음료 사업의 기본은 교육 사업이다. 내가 혼자 잘해서 되는 문제가 아니다. 내 레시피를 교육하고, 그것을 기술적으로 유지시키는 일에 집중해야 한다. 즉 얼마나 잘 가르쳐서 브랜드 종사자들이 셰프의 실력을 복제할 수 있게 하느냐의 싸움이다.

요즘은 비주얼 마케팅에 대해서도 고민이 필요하다. 즉 맛있는 것 못지않게, 맛있어 보이는 것이 중요하다. 소비자가 음식을 보고 사진을 찍고 싶게 해야 한다. 그것이 SNS에서 퍼지면서 새로운 소비자를 만들기 때문이다.

by 이주희

집안 대대로 물려쓴 것 같은 꽃무늬 그릇,
유럽풍의 인테리어는 SNS를 사용하는
젊은 여성들의 마음을 사로잡았다.

이때 고객들의 민감도를 잘 살펴야 한다. 라면을 팔면서 유럽 스타일로 인테리어를 꾸미고 화려한 식기를 쓰면, 오히려 소비자의 비아냥을 들을 수도 있다. 음식에 적합하면서도 소비자가 지불하는 비용보다는 30% 정도 조금 더 맛있게, 더 행복하게 느낄 수 있는 오감의 만족도를 연구하고 이를 갖추도록 노력해야 한다.

브랜드 기획자라면, 브랜드 자체를 하나의 유기체로 여기고, 시야를 넓혀 360도로 보아야 한다. 하나를 목표로 앞만 보고 달리는 것에 집중하는 것이 아니라, 360도로 시선을 넓혀 A부터 Z까지 신경 써야 한다. 브랜드를 기획하고 경영하는 일은 완전히 '올어라운드 플레이어all-around player'가 되어야 함을 의미한다.

또한 아무리 맛있는 메뉴를 개발한다 해도 식자재 비용을 맞추지 못하면 허사다. 재료를 많이 써야 맛있는 메뉴라면 식자재 호환에 대해서도 고민해야 한다.

이렇듯 식당 운영은 화학, 과학, 수학, 예체능이 다 들어 있는 종합예술이다. 따로따로 선수를 쓰는 것은 불가능하니, 나 스스로가 종합적으로 기획하고 운영하는 플레이어가 되어야 한다.

chapter 5

삼거리푸줏간

브랜드에 닥친 위기,
절망 대신
해야 할 일을 찾는다

"브랜드도 암에 걸릴 수 있다.
내가 YG푸즈에 있을 때 만든 브랜드
삼거리푸줏간, 쓰리버즈, 케이펍이
시한부 선고를 받는 일이 생겼다.
하지만 나는 상황을 원망하거나 탓하지 않았다.
그저 내가 할 수 있는 일을 찾았다."

새로운 브랜드를 만드는 것은
나와의 싸움을 시작하는 일

나는 내 손으로 수많은 브랜드를 만들었다. 그러다 보니 새로운 브랜드를 만들 때, 늘 '노희영'이라는 라이벌을 만난다. 과거의 나와 같은 것을 만들 수도 없고, 그것보다 못한 것을 만들어서도 안 된다.

예컨대 계절밥상을 만들었으니 비슷한 콘셉트의 한식 뷔페는 다시 만들지 못한다. 만약 비슷한 콘셉트로 한식 뷔페를 만든다면 사람들은 '노희영이 CJ에서 계절밥상으로 연습하고 나와서 비슷한 걸 만드네'라고 할 것이다. 새로운 만두 브랜드를 만든다고 해도 좋게 봐주지 않을 것이다.

하지만 다른 사람들의 평가보다 더 중요한 것이 있다. 바로 내

자존심이다. 나 스스로에게 당당하고 싶다. 그래서 나와의 싸움에서 지지 않기 위해 상품을 기획할 때마다 늘 새롭고 더 나은 것을 찾는다.

내가 나와의 싸움에서 가장 위축되었을 때는 CJ를 퇴사한 직후였다. CJ는 내 아이디어와 열정을 쏟아부었던 회사였고, 나는 그동안 CJ와 오리온의 막강한 인프라와 명성을 사용해 성공적인 브랜드를 여럿 탄생시켰다. 그런데 이제 내겐 든든한 배경이 없다. 앞으로 개인회사를 창업해 어떻게 이전의 나를 이길 수 있을까 막막했다.

게다가 퇴사 후 뒷소문이 많았다. 워커홀릭 노희영 고문이 불미스러운 사건으로 사표를 냈다는 이야기도 있었다. 사실 당시에 정치적 외압요소와 내부 반발이 존재했다. 아직은 자세히 말하고 싶지 않지만 언젠가 꼭 밝히고 싶은 이야기다.

어쨌든 퇴사 직후 YG엔터테인먼트의 양현석 회장님으로부터 전화가 왔다. 그는 대뜸 나에게 "CJ랑 너무 오래 했어, 이제 나랑 해"라고 했다. 그 말이 너무 따뜻하게 들려 울컥했다. 난 바로 양회장님을 만나러 홍대로 갔다. 그는 YG엔터테인먼트와 함께 세계적인 식음료 문화 콘텐츠를 만들자고 했다.

엔터테인먼트 회사의 콘텐츠를 오프라인에 녹일 수 있는 가장 적절한 분야는 식음료 사업이다. 세계 곳곳의 카페, 음식점에서 한식도 먹고 한국 노래까지 들을 수 있다면? 그 장소들은 한국 문화를 알리는 최상의 공간이 될 것이다.

그는 나를 홍대의 한 건물로 데려가 여기서 사업을 시작하자고 했다. 그러고는 이렇게 말했다. "노희영 고문이 이전에 받았던 월급만큼 우리는 주지 못하니까 우리는 동업으로 합시다. 함께 투자하는 형식으로요."

그 얘기를 듣고 어안이 벙벙했다. 당연히 임원인 줄 알았는데, 갑자기 동업이라니 무슨 이야기인가. 그래도 세계적인 브랜드를 만들 수 있을 것 같다는 생각에 그 제안을 승낙했고 투자비를 준비했다. 이렇게 해서 YG푸즈의 주주이자 대표가 되었다.

고객의 기대를 뛰어넘는
최상의 맛을 찾기 위한 노력

일을 맡기로 하자마자 쉴 틈도 없이 이곳에 어떤 콘셉트의 브랜드를 만들면 좋을지 고민했다. 일단 '홍대'라는 지역의 특징을 떠올렸다. 이제껏 강남을 중심으로 브랜드를 론칭하던 나에게 이곳은 새로운 도전이었다. 트렌디하고 세련된 강남과 달리 홍대는 20대의 젊음과 흥겨움이 넘치는 완전히 다른 상권이었다.

메뉴 선정도 고민이 많았다. 브랜드가 세계로 확장될 수도 있음을 생각하면, 정통 한식은 외국인에게 진입장벽이 높을 것이다. 세계인이 공감할 수 있는 맛, 거부감 없는 한식이어야 했다. 또 주방장들의 손맛에 크게 좌지우지되지 않는 메뉴여야 했다. 그렇게 선택한 음식은 코리안 바비큐, '삼겹살'이다. 흥겨운 모임에서 한국인들이 가장 많이 찾는 메뉴가 바로 삼겹살이다.

고기는 원재료가 맛을 결정하는 음식이다. 고기 자체가 맛있어야 구웠을 때도 맛있다. 그래서 나는 최상의 돼지고기를 찾았다. 노희영다운 프리미엄 돼지고기의 맛을 보여주겠다고 결심했다.

YG는 식품 브랜드의 경험이 없던 터라 나는 그동안 나와 일하던 사람들을 모아 팀을 꾸렸다. 우리는 전국에서 가장 맛있는 돼지고기 산지를 찾아 돌아다녔고 수없이 많은 고기를 구워 먹었다.

그렇게 찾은 최고의 맛은 충청도에서 찾은 1+등급의 암퇘지였다. 암퇘지는 수퇘지보다 육즙이 많고 부드럽다. 또 200일이 넘지 않은 돼지를 사용해 부드러운 고기 맛을 유지하도록 했다. 부위는 구웠을 때 가장 맛있는 삼겹살, 목살, 항정살로 골랐다.

포장지, 영수증, 호텔키, 명함, 엽서 등 아이디어가 될 만한
모든 것을 스크랩하고 수집하는 사소한 습관에서
삼거리푸줏간이 시작되었다.

다음으로 신경 쓴 것은 돼지고기의 신선도다. 돼지고기는 도축과 가공하는 곳이 다른 경우가 많은데, 이때 미생물이 번식해 고기의 품질이 떨어진다. 그래서 나는 도축과 가공을 한 장소에서 하는 공장을 찾았다. 마지막으로 천연 항균, 살균 물질이 풍부한 편백나무로 돼지고기를 숙성시키기로 했다.

사람들이 음식점을 찾는 이유는 '맛있는 음식'을 먹기 위해서다. 음식점을 하는 사람이라면, 소비자들이 기대하는 것 이상의 맛을 제공해야 한다고 생각한다. 다른 제품도 마찬가지다. 늘 사람들의 예상을 뛰어넘어야 한다. 이게 바로 나의 브랜딩 철학이다.

그래서 '이 정도 돼지고기면 충분히 맛있지 않아?', '그렇게까지 고기를 찾아다닐 필요 있어?'라는 말들을 무시했다. 내가 원한 것은 적당한 맛이 아니었다. 사람들을 놀라게 할 최고의 맛이었다.

홍대의 특성을 살려 만든 '푸줏간'이라는 콘셉트

주력 메뉴를 돼지고기로 확정하고, 이후 전체적인 콘셉트와 브랜드 이미지를 구상했다. 수많은 후보 중에 만장일치로 고른 이름은 '푸줏간'이었다.

비슷한 시기에 오픈한 '세상의 모든 아침'도 마찬가지였지만, 나는 식당이 식자재를 다루고 팔아야 한다고 생각한다. 그리고 그게 바로 식음료 사업의 미래다.

정제된 음식보다 식자재 자체를 보여줄 수 있는 음식점이 소비자들의 신뢰를 얻고 선택받는 시대가 올 것이다. 그래서 '세상의 모든 아침'에 농장을 만들었던 것처럼 삼거리푸줏간에는 언젠가 푸줏간, 즉 정육점을 만들고 싶다고 생각했다.

현장에서 바로바로 최상품의 고기를 썰어서 손님에게 제공하고, 손님이 원하면 그것을 구입할 수도 있는 곳. 미래의 풍경을 염두에 두면서, 그리고 '신선한 고기'의 이미지를 연상할 수 있도록 '푸줏간'이라는 이름을 선택했다.

1호점을 오픈하는 위치는 '홍대 삼거리'였다. 한국 힙합 문화의 중심지이자 홍대 문화를 대표하는 곳이기도 하다. 그래서 홍대 삼거리에서 '삼거리'라는 이름을 가져왔다.

나는 삼거리푸줏간이 복고적이면서도 깔끔한 느낌의 매장이기를 바랐다. 그리고 젊은이들이 부담 없이 즐길 수 있게 홍대만의 지역 특성도 드러나야 했다. 그래서 인테리어도 고급스럽거나 화려하게 하지 않았다. 오히려 예스러운 감성을 표현하기 위해 힘을 빼고 소박한 느낌으로 꾸몄다.

by 박현철 디자이너

수백 번의 회의 끝에 홍대의 젊음과 개성을 담은
삼거리푸줏간의 로고를 탄생시켰다.

과거 정육점에서 고기를 사면 신문지에 싸서 준 것에 착안해, 투박한 통나무 그릇 위에 기름종이에 싼 고기를 손님상에 올리고, 오래된 가게에서 그러하듯 돌판에 고기를 굽도록 했다. 또한 정육점에서 고기를 늘어놓듯 당일에 사용할 신선한 고기를 가게에 진열했다.

그리고 주방은 흰 타일을 사용해 깨끗한 이미지를 더하고 오픈 주방으로 만들어 고객들이 위생 측면에서도 안심할 수 있게 했다. 지금은 저마다의 콘셉트가 있는 프리미엄 삼겹살 식당들이 많이 생겼지만, 당시에는 그렇지 않았다. 나는 사람들이 기존에 가진 삼겹살 식당에 대한 이미지를 뛰어넘고 싶었다.

세계에 통할 만한
한국 스타일은 무엇인가

내가 YG푸즈 대표로 있으면서 론칭한 브랜드는 삼거리푸줏간과 브런치 카페 '쓰리버즈3Birds', 수제 맥주 펍 '케이펍K-PUB'이었다.

이름에서 알 수 있듯 쓰리버즈의 콘셉트는 세 마리 새다. YG의 아티스트들이 노래하고 춤추는 모습이 마치 새가 날개를 펴는 몸짓처럼 느껴지기도 했고, 새가 모이를 골라 먹듯 이제부터는 좋은 음식을 조금씩 자주 먹는 방향으로 사람의 식습관도 바뀔 것이라고 생각해 새를 대표 이미지로 정했다.

세 마리 새는 브랜드가 추구하는 각각의 가치를 나타낸다. 커피콩을 문 새는 쓰리버즈에서 새롭게 블렌딩한 '스페셜티 커피'를 뜻한다. 당근과 줄기를 물고 있는 새는 샐러드, 샌드위치, 수프 등 바쁜 도시인이 가볍게 먹을 수 있는 '신선하고 맛있는 음식'을 의미한다. 모자를 쓴 새는 독창적인 생각, 진화를 추구하는 YG의 정신을 이 카페에도 적용하고자 만든 것이다. 실제로 쓰리버즈는 개성 있는 바리스타와의 콜라보레이션을 하거나 매 시즌 새로운 메뉴를 선보이는 등 다양한 시도를 했다.

케이펍은 한국 스타일의 펍이다. 외국과 달리 한국의 식문화는 식사와 술자리를 다른 장소에서 가진다. 그래서 케이펍은 삼겹리푸줏간에 가기 전에, 혹은 간 후에 들를 수 있을 만한 곳을 떠올리며 만들었다.

해외에 진출했을 때 케이펍의 역할은 우리의 술, 음식, 음악을 소개하는 것이었다. 한국 문화를 사랑하는 사람들이 드라마에서만 보던 소맥이나 골뱅이무침 같은 메뉴를 직접 먹어볼 수 있는 공간으로 기획했다.

삼거리푸줏간 홍대점 오픈 행사에는
많은 셀럽이 와 자리를 빛내주었다.
흥겨운 모임에 한국인이 가장 많이 찾는 메뉴 삼겹살.
나는 이 삼겹살을 세계에 알리고 싶었다.

심혈을 기울인 브랜드가
시한부 선고를 받다

내가 항상 말하듯 브랜드도 암에 걸릴 수 있다. 브랜드가 다치는 상황이 심해지면 매출이 떨어지는 것은 물론 브랜드 자체가 사망에 이를 수도 있다.

그런데 삼거리푸줏간을 포함한 YG푸즈 브랜드에 예상치 못한 큰 사건이 발생했다. 시련은 2016년 중국 내 한류 활동을 금지하는 '한한령限韓令'에서부터 시작되었다.

YG푸즈에서 브랜드를 세계화할 때 제일 먼저 타깃으로 삼은 나라가 중국이었다. 그런데 한한령이 생기면서 YG 아티스트들에 대한 제재가 시작되었다. 동시에 아티스트들을 통해 홍보하려고 했던 브랜드들의 진출도 좌절되었다.

뒤이어 2019년 '버닝썬 게이트' 사건이 발생했다. 이 일로 회사 전체가 정신적, 경제적 타격을 입었다. 더 큰 문제는 엄청난 이미지 실추였다. YG에서 공동투자했다고 알려진 삼거리푸줏간, 쓰리버즈, 케이펍 매출이 빠른 속도로 꺾였다. 갑자기 이 세 브랜드의 맛이 없다느니 분위기가 별로라느니 하는 나쁜 이야기들이 쏟아졌다.

마치 머리에 생긴 암이 심장과 폐로 전이되는 것처럼, 회사의 불행은 YG푸즈의 브랜드들까지도 퍼지고 있었다. 내가 일을 하면서 처음으로 마주한 난관, 모든 것을 포기하고 싶었던 일생일대의 고비가 찾아왔다.

주어진 상황을 탓하지 않고
할 수 있는 일을 찾는다

위기 상황을 맞아 YG엔터테인먼트의 자회사인 YG플러스에서 내린 결단은 삼거리푸줏간, 쓰리버즈, 케이펍 세 브랜드의 매각이었다. 그런데 여러 회사를 찾아다녀봐도 상황이 좋지 않은 시기라 터무니없는 가격을 제시할 뿐이었다.

'저 가격에 팔려가면, 분명 내 브랜드들이 찬밥 취급을 받을 텐데….' 나는 며칠을 고민하고 끙끙 앓다가 양 회장님께 제안했다.

회장님, 이 세 브랜드를 저에게 파세요. 지금 협상가로 저에게 파시면 제가 멋지게 키워볼게요.

회장님은 함께하지 못해 미안하다고 했다. 그리고 이 브랜드들을 잘 키워달라고 했다. 이 선택은 YG의 자존심과 나를 위한 것이었다. 나의 한계를 뛰어넘기 위해 만든 브랜드들이었기 때문에 성공하지 않은 상태에서 브랜드를 매각하고 싶지 않았다. 만약 내가 다른 회사에 이 브랜드들을 넘겼다면 평생 가슴 아픈 회한으로 남았을 것이다.

나는 YG푸즈를 나와 '식음연구소'라는 이름의 회사를 만들고 삼거리푸줏간, 쓰리버즈, 케이펍을 소속시켰다. 절망스러운 상황이었지만 주어진 상황을 탓하지 않고 내가 할 수 있는 일을 찾기로 했다. 그리고 한동안 이 브랜드들을 업그레이드시키는 일에 집중하기로 했다.

나는 26세부터 사업가로 살아왔고, 40대에 대기업에 입사해 10년간 임원 생활을 하며 많은 경험과 깨달음을 얻었다. 기업에서 일할 때는 누구보다 더 열심히 브랜드를 만들었고, 오너보다 더 오너처럼 회사를 생각하며 일했다. 그리고 50대가 되어 다시 사업가의 자리로 돌아왔다.

자리가 사람을 바꾼다고 했던가. 100% 지분을 가진 식음연구소의 대표가 되어보니 마음가짐이 이전과 달라졌다. 내가 온전히 책임지는 나의 사업체를 갖게 된 지금, 비로소 진정한 사업가가 됐다고 생각한다.

먼저 예전보다 더 예민하게 상황을 파악하게 되었다. 식음료 사업은 임대료, 인건비가 핵심이라 요즘엔 재무 분석에 더 많은 신경을 쓰고 있다. 그리고 더욱 현장 중심적으로 생각하게 되었다. 앉아서 지시하고 결재만 하는 대표가 아니라, 어느 주방에도 들어갈 수 있고 홀서빙, 캐셔 역할도 할 수 있는 사람이 되고자 나를 단련하고 있다. 이런 현장 중심적인 사고를 가진 대표와 회사만이 살아남는다고 생각한다.

삼거리푸줏간, 쓰리버즈, 케이펍을 두고 실패한 브랜드라고 말하는 사람도 있다. 하지만 나는 그렇게 생각하지 않는다. 누가 뭐라고 해도 이 브랜드들은 나에게 특별하다. 이 브랜드를 만들고 키우는 경험을 통해 어떤 브랜드를 맡았을 때보다 나는 더 많이 성장했다.

만약 지금의 나처럼 절망적인 상황 혹은 새로운 변화를 겪는 사람이 있다면 말해주고 싶다. 시간이 흐르면 지금의 경험은 두 번 다시 없을 거름이 될 것이라고. 툭툭 털고 일어나 지금 할 수 있는 최선의 방법을 찾으라고.

FIRST AID

DAILY PRESCRIPTION

chapter 6

퍼스트+에이드

포스트 코로나 시대, 브랜드의 방향을 제시하다

"사회는 방역을 외치지만
개인에게 중요한 것은 면역이다.
코로나19로 인해 다들 사업을 접는 이 시기에
나는 과감히 새 브랜드를 론칭했다.
'우리의 음식은 레시피가 아니라 처방입니다'
퍼스트+에이드의 콘셉트는 이렇게 탄생했다."

포스트 코로나 시대,
브랜드는 어떻게 살아남을 수 있을까

포스트 코로나 시대를 맞아 천재지변이 갖는 위력을 실감하고 있다. 내가 주도적으로 해결할 수 있는 게 없다는 사실을 절실하게 깨닫는다.

사회적 거리두기 2단계가 되고, 2.5단계까지 격상되면서 사람들은 음식점에 가기는커녕 밖에 나오지도 않는다. 여러 식음료 브랜드를 운영하는 나에겐 충격적인 상황이 아닐 수 없다. 내가 관리하는 어떤 브랜드는 코로나19 이후 매출이 반토막 나기도 했다.

하지만 역설적으로 위기는 기회가 되기도 한다. 오히려 이 특수한 상황에 꼭 맞는 브랜드를 만들 수 있다. 이럴 때일수록 더욱 부지런하게 사람들이 원하고 관심 있는 게 무엇인지 찾아야 한다. 나는 이 위태로운 시기에 기회를 노리며 2개의 브랜드를 론칭했다. '퍼스트+에이드FIRST+AID'와 '평양일미'.

아이러니하게도 두 브랜드의 성격은 정반대다. 퍼스트+에이드는 코로나 시대를 겨냥해 만든 맞춤형 브랜드다. 이 브랜드의 모든 음식은 배달이 가능하고, 메뉴에는 면역과 항산화 등 건강에 좋은 자연 재료로 만든 음식이 가득하다.

반면 평양일미의 평양냉면은 메뉴의 특성상 배달이 불가능하다. 평양냉면을 배달하거나 HMR 제품으로 만들기 위해 노력했지만, 도저히 불가능했다. 무슨 일이 있어도 가게에 직접 와 먹어야 하는 음식이 평양냉면이다. 하지만 내가 가장 잘할 수 있고 자신 있는 메뉴다.

그런데 잘되던 가게도 문을 닫는 위기의 시기에 왜 나는 새로운 브랜드를 2개나 론칭했을까? 그리고 포스트 코로나 시기에 이 브랜드들이 살아남을 전략은 무엇일까? 이번 장에선 모두가 궁금해할 그 이야기를 해보려 한다.

이제 모든 것은
면역에 달려 있다

나는 코로나19 직후 퍼스트+에이드를 본격적으로 기획하기 시작했다. 전염병이 곧 생명과 직결되면서, 건강 특히 면역에 대한 사람들의 관심도는 급격히 높아졌다. 동시에 건강한 음식 수요도 늘어났다.

이제 음식을 먹는다는 것은 단순히 배를 채우는 것이 아니라 건강한 몸을 만드는 행동으로 인식되고 있다. '퍼스트+에이드'는 이런 상황에서 음식 문화가 어떻게 변할 것인가를 고민하면서 만든 브랜드다.

사실 퍼스트+에이드에 대한 구체적인 구상은 사람들의 요청에서 시작되었다. 식음료계에 종사하며 나름 전문가 소리를 듣다 보니 포스트 코로나 시대에 관한 연사, 강연 제안이 많았다. 이것을 준비하면서 다른 사람들은 이 상황을 어떻게 분석하고 있는지, 코로나19가 언제까지 지속될 것인지 등 엄청난 공부를 했다.

나는 한 가지 일을 할 때, 그것이 또 다른 일을 낳기를 바란다. 한 가지 일이 정말 한 가지 일로만 끝난다면, 그것은 발전이 아니라 나 스스로를 소모시키는 것에 불과하다고 생각한다.

일은 늘 두 가지 이상의 버전으로 진화해야 한다. 그래서 연사와 강연을 준비하면서 코로나19와 면역에 대해 공부했고, 이것을 새로운 브랜드로 발전시켰다.

아무리 힘든 상황이라도 인간은 먹지 않고는 살 수 없다. 사회적 거리두기 2.5단계가 시행되었을 때에도 사람들은 나가는 것을 피할 뿐, 여전히 어떤 음식을 먹을까 고민했다. 그러니 당연히 식음료 사업이 지구에서 사라질 일은 없다. 다만 코로나19 이후 사람들의 라이프스타일이 바뀌었기 때문에 식음료 사업도 이에 따라 변해야만 한다.

사람들은 이제 혼자 있는 것에 더욱 익숙해졌다. 간혹 지인과 모이더라도 2~4명 정도의 작은 규모로 만난다. 그들은 주로 집이나 모임을 위해 대관한 장소에서 배달음식을 먹으며 시간을 보낸다.

공부를 통해 확실히 깨달은 것은 코로나19와의 전쟁은 사실 면역과의 전쟁이라는 점이다. 면역력이 강한 사람은 바이러스에 노출돼도 감염 없이 지나가거나 그 증상이 약하게 발현된다. 반대로 면역이 약하고 기저질환이 있는 사람은 병을 심하게 앓고 후유증에 시달리며, 심지어 사망에 이를 수도 있다.

이제 모든 것은 면역에 달려 있다. 앞으로 사람들은 더욱 면역에 신경 쓰고 예민해질 것이다. 또 항산화, 디톡스, 저칼로리, 저탄수화물 같은 지표에 기반한 건강에 관심이 늘어날 것이다.

코로나19의 영향이 컸지만, 이러한 변화는 시대에 부응한 것이기도 하다. 국민소득이 높아지면서 나타나는 일정한 패턴이 있다. 예로 국민소득이 일정 수준을 넘어가면 편의점과 커피전문점이 늘어난다. 거기서 국민소득이 더 늘어나면, 그때부터 사람들은 운동과 건강기능식품에 관심을 갖는다.

현대인들은 너무나 풍요로운 영양분에 둘러싸여 생활한다. 칼로리가 지나치게 높고 불필요한 성분이 들어간 음식이 많다. 그 때문에 사람들은 늘 다이어트와 전쟁하며, 식습관을 절제하곤 하는데, 바로 이때 중요한 영양소들이 부족해진다. 여성의 경우 다이어트로 인한 영양 불균형 때문에 불면증, 변비 같은 질환에 시달리기도 한다.

그러나 속이 깨끗하지 않으면 겉모습도 아름답지 못하다. 위장이 편하지 않거나 숙면을 취하지 못하면 얼굴 혈색이 좋지 않고 피부에 트러블이 생길 수 있다. 그래서 많은 사람이 다이어트로 인한 부족한 영양소를 채워주거나 숙면, 변비 개선에 도움을 주는 건강기능식품들을 찾는다.

하지만 매번 건강기능식품을 챙겨 먹는 것은 번거로운 일이다. 그래서 건강한 음식을 먹는 행위와 부족한 영양소를 채워주는 문제를 한 번에 해결하기 위한 곳으로 만든 브랜드가 '퍼스트+에이드'다.

나의 부족한 부분을 채워줄
전문적인 동업자를 찾다

퍼스트+에이드 브랜드를 기획할 때 가장 고민했던 것은 동업자를 정하는 일이었다. 예전에는 전문가가 많지 않아 내가 혼자 모든 것을 다 해야 했지만, 지금은 모든 분야에 전문가들이 많다. 그래서 브랜드를 론칭할 때, 그에 맞는 전문가를 찾아 동업을 제안하곤 한다.

만약 동업을 생각하는 사람이라면, 자신이 완벽하고 모든 걸 다 할 수 있다는 생각을 버려야 한다. 혼자서도 다 할 수 있다고 생각한다면 동업은 불가능하고 동업자를 존중할 수도 없다. 나의 부족분을 알고, 그것을 채워줄 사람을 찾아야 바람직한 동업이 이루어진다.

나는 음식에 대해서는 잘 알지만 다른 분야에 대해선 잘 모른다. 그래서 소비자의 욕망을 고려하면서 어떤 회사와 함께해야 할지 고민했다.

처음엔 화장품 회사를 만나 상의했다. 그런데 화장품은 얼굴, 몸에 바르는 것으로 건강의 가장 마지막 단계다. 그렇다 보니 내가 생각하는 콘셉트를 맞추기가 어려웠다.

다음으로 건강기능식품을 잘 만드는 회사를 알아보고 그곳에 가서 프레젠테이션을 했다. 그곳에서는 나의 콘셉트를 금방 이해했고 서로가 쉽게 뜻을 모을 수 있었다. 그래서 그 회사와 합작 법인을 만들었다. 나는 레스토랑을 열고 그들은 건강기능식을 만들어서 주는 것으로, 그렇게 동업이 시작되었다.

대중이 열광하는 콘텐츠로
기획의 디테일을 완성하다

'퍼스트 에이드first aid'라는 단어는 구급약이란 뜻으로, 전 세계에서 쓰이기 때문에 브랜드 등록이 불가능했다. 거기서 나는 다시 생각했다. 포스트 코로나 시대에 우리에게 필요한 구급약은 단순히 바르고 삼키는 의약품이 아니다. 우리에게 필요한 구급약은 의약품을 넘어선 식품이다.

이렇게 새로운 브랜드 '퍼스트+에이드(퍼스트플러스에이드)'가 탄생했다. 퍼스트+에이드는 건강식 메뉴와 보조식품의 결합 등으로 새로운 식생활을 제안해 현대인들의 건강 관리를 돕는다. 그리고 여기에서 착안해 카피를 만들었다.

우리의 음식은 레시피가 아니라 처방입니다.

퍼스트+에이드는 '배달음식은 과학이자 화학'이라는 솔루션으로 접근했다. 그래서 시간에 따른 음식의 반응을 일일이 체크했다. 이로써 배달해도 맛있는 음식을 만들어 모든 메뉴를 배달할 수 있게 되었다. 심지어 퍼스트+에이드의 음식은 배달하고 하루 지나도 맛이 괜찮다.

내가 이번에 가장 신경을 쓴 메뉴는 바로 포두부로 만든 파스타다. 포두부는 일반 파스타 면보다 탄수화물이 적고, 단백질이 풍부해 건강에도 좋다. 또 쉽게 불지 않는다는 강점이 있다. 식은 후 데워도 맛이 그대로이고 차가운 채 먹어도 맛있다. 배달에 아주 최적화된 면이다.

배달 용기는 최소한으로 사용하며, 친환경 용기만 사용하기로 했다. 나는 미래를 위해 배달이나 포장 용기를 조심스럽게 사용해야 한다고 생각한다.

코로나19 이후 전날 주문하면 다음 날 배달해주는 플랫폼들이 인기를 끌고 있다. 물론 다음 날 꼭 필요한 물건들도 있다. 하지만 그렇지 않은 것까지 하루 만에 배송받는 게 당연해졌고 박스, 비닐 등 너무 많은 쓰레기가 넘쳐나고 있다.

코로나19 같은 바이러스들은 환경 문제에서 시작된 것들이 대부분이다. 그런데 코로나19 이후 우리는 더욱 많은 쓰레기를 만들어내고 있다.

사실 우리의 면역보다 더 중요한 것이 지구의 면역인데, 인간이 지금 자신이 만든 쓰레기로 지구의 면역을 파괴하고 있는 것이다. 나 역시 배달 용기에 대해 계속 고민하며 오염을 덜 시키는 방안을 찾고 있지만, 이것이 모두의 노력이 되길 바란다.

퍼스트+에이드는 건강을 중심에 둔 브랜드인 만큼 매장 이미지에도 신경 썼다. 모든 메뉴에 들어가는 신선한 재료를 고객들이 직접 육안으로 확인할 수 있게 했다. 직원 유니폼은 간호사복처럼 만들고 점장 유니폼도 의사 가운처럼 만들어 우리가 파는 메뉴가 단순한 음식이 아니라 처방이라는 점을 각인시키고자 했다.

내가 가장 많이 신경 쓴 메뉴는 두부면으로 만든 파스타다.
배달해도 붇지 않는다는 장점이 있다.

WITH EVERY BITE
A HEALTHY *Daily*
Prescription

RICE BOWL
튜나 & 나또 라이스볼

FIRST AID
*
DAILY
PRESCRIPTION

퍼스트+에이드의 대표 메뉴는 오곡밥 도시락으로
칼로리를 낮추고 맛을 더했다. 포스트 코로나 시대에
걸맞도록 배달과 건강에 중점을 두었다.

유니폼 디자인은 당시 방영하고 있던 드라마에서 영감을 얻었다. 드라마 〈사이코지만 괜찮아〉와 〈슬기로운 의사생활〉에 나오는 간호사복, 수술복 등을 참고했다. 콘셉트부터 디자이너에게 의뢰해 유니폼을 만들 때도 있지만, 이번엔 대중들이 좋아하는 콘텐츠에서 아이디어를 얻었다. 사실 내가 좋아했던 드라마이기도 하다.

식당에 의사, 간호사 유니폼을 입은 직원이 있다면 거부감이 들 수도 있다. 코로나19 이전이라면 이런 콘셉트가 통하지 않을 것이다. 하지만 지금은 다르다. 그만큼 사람들이 건강 문제에 절실해진 것이다.

나는 내가 경험하는 모든 콘텐츠를 단순히 소비하지 않는다. 이것들을 소화하고 나만의 것으로 만든다. 드라마나 영화를 보는 시간도 나에겐 새로운 아이디어를 얻는 시간이다. 스토리를 따라가고 배우들의 연기에 빠져들면서도 의상과 음식, 세트, OST 등 모든 것을 관찰한다. 오감을 열고 작품을 감상한다.

또 인상 깊은 디자인은 사진을 찍어 보관하기도 하고 스쳐지나간 한 장면을 찾기 위해 작품 전체를 다시 볼 때도 있다. 그리고 거기서 얻은 아이디어와 인사이트를 바탕으로 브랜드의 디테일을 채워나간다.

많은 사람이 8개월 만에 어떻게 퍼스트+에이드를
기획했냐고 묻는다. 사실 퍼스트+에이드는 30년에 걸친
건강한 재료에 대한 집착과 고집의 결과물이다.

혹자는 이것을 모방이라고 할 수도 있다. 하지만 상품기획은 고객의 눈높이에서 그들이 좋아하는 것을 반영하는 것이다. 나는 그것을 콘텐츠를 통해 배우고 또 찾는다.

브랜드 철학은
하루아침에 완성되지 않는다

퍼스트+에이드의 모든 메뉴는 첫째도 둘째도 건강을 위한 것이다. 대표 메뉴인 도시락은 오곡밥을 베이스로 해 칼로리를 낮추고 맛을 더했다.

오곡밥에는 간 기능에 도움을 주는 흑미, 당뇨에 좋은 기장, 혈관과 소화에 좋은 찰수수, 철분 함량이 높은 강낭콩 등을 넣었다. 또 낫토, 스파이스치킨, 명란, 연어 등의 메뉴로 단백질을 보충할 수 있다.

주스에는 'JUS de DIAL'이라는 이름을 붙였다. 신선한 여러 과일과 채소를 조합해 만들었는데, 대표적인 메뉴로는 요즘 인기 있는 ABC 주스(사과, 비트, 당근이 들어간 주스)에 레몬의 디톡스 효과를 추가한 ABCL 주스가 있다.

주스를 건강식품과 매치해 먹을 수도 있다. 예로 면역력을 강화해주는 레모네이드와 비타민 건강식품을 매치해 비타민을 가득 충전할 수 있도록 했다.

Jus de
Detox
Immunity-Boosting
Antioxidant
Low Cal

주스	주스 효능	매칭 건강기능식품	건강기능식품 효능
ABCL (사과, 비트, 당근, 레몬)	피부미용, 디톡스, 장 건강	버닝 스위치 워터	탄수화물 지방합성 억제, 원활한 배변 활동
AOC (사과, 오렌지, 당근)	피로회복, 항암효과, 고혈압 및 골다공증 예방		
ALG (사과, 레몬, 생강)	장 건강, 피부미용, 면역 증진	아르기맥스	인체 대사 활성화, 항산화 물질, 활력 증진
AKCL (사과, 케일, 셀러리, 레몬)	디톡스, 체중감소, 두뇌발달, 면역력 강화	리커버리뉴	피로 개선, 면역력 증진, 항산화, 기억력 개선, 간 건강 도움
레모네이드	피부미용, 면역력 강화, 체중감소, 혈관 강화	비타 글로우 워터	피부 미백

다이어트 젤리, 단백질 바 등의 부수적인 제품이 많아서 선택하는 재미도 있다. 이런 제품들은 영양 밸런스를 맞춰주는 역할을 한다. 예를 들어 오늘 내가 탄수화물이 많은 도시락을 먹는다면, 탄수화물 흡수를 낮춰주는 젤리를 함께 먹을 수 있다.

퍼스트+에이드를 두고 어떻게 코로나19 이후 8개월 만에 만들었냐고 놀라는 사람들이 많다. 하지만 이 브랜드에 대한 구상은 30년 전 첫 식당을 오픈하면서부터 시작되었다. 그때부터 난 '음식은 일단 재료가 건강해야 한다'는 철학을 가지고 있다.

마켓오의 콘셉트가 그러했고, 비비고를 만들 때도 그랬다. 음식을 하는 사람으로서 기본적으로 지켜야 하는 게 신선하고 건강한 그리고 제대로 된 재료를 쓰는 것이다.

아무리 유명하고 훌륭한 셰프라 할지라도 결국 그가 사용하는 재료가 그의 실력이 된다. 이른 나이부터 식당을 운영하면서, 그리고 여러 경험 속에서 이 진리를 깨달았다.

이런 나의 경험과 철학을 통해 퍼스트+에이드라는 브랜드가 탄생했다. 그러니 퍼스트+에이드는 코로나19 사태 이후 급하게 졸속으로 기획한 브랜드가 아니다. 20~30년 동안 식음료 사업을 하며 고민해온 나의 철학이 담긴 브랜드다.

내가 가장 좋아하고
잘할 수 있는 것을 찾아라

'평양일미'는 평양냉면을 주요 메뉴로 내놓는 식당이다. 어떻게 보면 퍼스트+에이드와 정반대되는 식당인데, 평양냉면은 다른 냉면보다 쉽게 불기 때문에 식당에서 먹어야 한다. 그래서 배달이 어렵다.

파스타 같은 모든 면 요리가 그렇지만 그중에서도 평양냉면에게 시간은 생명이다. 메밀 면은 물에 넣는 순간부터 불기 시작해 서빙이 조금만 늦어도 맛이 완전히 달라진다. 그래서 평양냉면을 좋아하는 사람은 메밀 면의 맛을 온전히 느끼고자 면을 집은 순간부터 끊지 않고 다 먹기도 한다. 그러니 아무리 비대면 시대라 해도 불어서 제맛을 잃은 냉면을 배달할 수는 없는 것이다.

배달이 안 되는 브랜드는 살아남기 힘든 지금, 평양냉면 브랜드를 론칭한 이유는 무엇일까. 지금껏 내가 대기업에서 만든 브랜드는 나의 취향을 온전히 담은 브랜드가 아니다. 기업의 신규 사업에 맞춰 만든 브랜드가 많았고, 그 브랜드를 탄생시키기까지 오너와 임원을 설득하기 위해 지난한 과정을 거쳐야만 했다.

그런데 독자적으로 회사를 운영하는 지금은 내가 만들고 싶었던 브랜드, 나의 판단으로 업계에 필요한 제품과 내가 가장 잘할 수 있는 브랜드를 만들 수 있게 되었다. 그래서 YG푸즈를 나와 온전히 식음연구소를 책임지게 되었을 때 생각했다. 내가 가장 잘할 수 있고, 자신 있는 메뉴가 무엇인가. 그때 떠오른 메뉴가 바로 평양냉면이었다.

아버지가 이북 출신이셔서 나는 어릴 때부터 평양냉면을 일주일에 한 번 이상 먹었다. 어려서부터 먹었던 음식이기 때문인지 평양냉면은 지금도 내가 가장 좋아하는 음식 중 하나다.

오랜 출장 후 서울에 도착했을 때 가장 먹고 싶은 음식도 바로 평양냉면이다. 평양냉면은 나에게 고향 같은 맛이다. 평양냉면집 중 내가 가장 좋아하는 가게는 필동면옥과 우래옥인데, 그곳들의 냉면은 평양일미와는 또 다른 전통이 담긴 맛이다.

개인적인 마음에서 시작되었지만, 사실 평양일미는 통일에 대한 염원을 담은 브랜드이기도 하다. 지금 내 목표는 대한민국 사람 처음으로 평양에 1호 평양냉면집을 여는 것이다.

예전이라면 이런 꿈이 그저 바람으로 그쳤겠지만, 지금은 시대가 변했다. 비록 아버지는 고향에 가보지 못하고 돌아가셨지만,

나는 살아생전에 북한에 가볼 수 있지 않을까 싶다. 그래서 평양 일미 평양점을 상상하며 인테리어나 콘셉트를 잡았다.

또 평양일미를 통해 그동안 평양냉면집이 가지고 있었던 암묵적인 룰을 깨고 싶었다. 지금 유명한 평양냉면 가게들은 대부분 다른 사람에게 체인점을 내주는 것 대신 가족 경영으로 유지되고 있다. 맛이 변할 것을 우려해 체인점을 내지 않는 것인지는 모르겠지만 나는 프랜차이즈가 가능한 평양냉면집을 만들고 싶었다.

평양일미의 맛을 정형화시켜 누구라도 도전할 수 있는 브랜드로 자리매김하고 싶었다. 평양냉면은 소수가 독점해 만들 수 있는 메뉴가 아니라 모두가 나눌 수 있는 메뉴여야 하기 때문이다.

어느 시대에도 사랑받을 수밖에 없는 메뉴를 찾아라

평양냉면을 만들 때 가장 어려운 것은 일정한 맛을 내는 것이다. 냉면은 주변 환경에 매우 예민한 음식이다. 특히 습도와 온도의 영향을 많이 받아서 날씨에 따라 맛이 달라질 수 있다. 습하면 면이 쉽게 풀어진다. 육수는 온도에 따라 염도나 육향이 다르게 느껴진다. 이북 김치 또한 간이 강하지 않은 심플한 맛이라 따뜻한 환경에서는 금방 시어버린다.

메밀 면의 살아 있는 듯한 감칠맛과 육수의 배합, 이북 김치의 숙성도 등 이 모든 것이 어우러졌을 때 최고의 맛을 낼 수 있다. 이 때문에 평양냉면 특유의 슴슴한 맛을 그대로 재현하는 것이 가장 어려우면서도 가장 중요한 부분이다.

그 맛을 그대로 유지하기 위해 최대한 노력하지만 사실 매번 정확한 온도와 습도를 유지하는 것은 불가능하다. 그래서 일정한 범위 안에서 약간씩 맛이 다를 수 있는데, 평양냉면 마니아들은 이 미묘한 차이에 더욱 열광한다. 살아 숨쉬는 맛, 그래서 더 끌리는 매력 때문이다.

평양일미를 오픈할 때 주변에서 많은 사람이 걱정했다. 평양냉면이라는 메뉴 자체가 워낙 예민해서 그 맛을 유지하는 것이 어렵고, 배달이 불가능하며, 호불호가 강하기 때문이다.

하지만 극소수의 사람만 평양냉면을 좋아한다는 말은 과거의 이야기다. 평양냉면은 지금 하나의 트렌드가 되었다. 퍼스트+에이드에서도 말했듯 요즘 사람들은 자극적인 맛보다 강하지 않고 건강한 음식을 선호한다. 평양냉면의 슴슴한 맛과 속을 편하게 해주는 메밀의 특성 때문에 점점 인기가 많아지고 있다.

평양일미는 퍼스트+에이드와는 다른 매력으로 사람들에게 사랑받고 있다. 건강하고 정성이 가득 담긴 한 그릇의 냉면. 이것은 코로나19가 세상을 지배하는 순간에도, 코로나19가 사라진 이후에도 사랑받을 수밖에 없는 메뉴다.

포스트 코로나 시대, 트렌드가 바뀐다

코로나19가 전 세계를 뒤덮고 난 후 소비 시장의 트렌드는 빠르게 바뀌고 있다. 소비자들은 여러 사람이 모이는 곳을 꺼리게 되었고, 자연스럽게 외식도 줄어들었다.

지금은 집에서 해결하는 것들이 점점 더 중요해지는 시대다. '집콕'이라는 말이 일반화되었고, 심지어 휴가도 집에서 보낸다고 하여 '스테이stay'와 '베케이션vacation'의 합성어인 '스테이케이션Staycation'이라는 용어가 생겨났다.

새로운 집콕 라이프 시대에 인테리어, 취미 등 소비 시장의 변화를 이야기하자면 한도 끝도 없다. 그중에서도 확실한 대세로 자리 잡은 것이 HMR과 밀키트meal kit다.

국내에 HMR 시장이 형성된 지는 벌써 20년이 넘었다. 대표적인 HMR 제품으로는 CJ의 햇반이 있는데, 햇반이 막 나왔을 때만 해도 햇반은 어쩌다 먹는 특식에 불과했다. 밥을 사 먹는다는 것이 익숙하지 않았기 때문이다.

그런데 지금 햇반은 일반식으로 자리 잡았다. 1인 가구나 맞벌이 가족에게는 밥을 해 먹는 것보다 햇반을 먹는 게 더 간편하고, 가격 대비 만족도도 높다. 즉 HMR은 코로나19 이전부터 생활 패턴의 변화로 삶의 일부가 되었으며, 코로나19 이후 그 수요가 더욱 늘고 있다.

HMR이 대중화된 이후 새롭게 등장한 것이 바로 밀키트다. HMR은 완벽히 조리된 음식을 데우기만 하는 것이라면, 밀키트는 한 끼 식사에 들어가는 신선한 재료들이 손질되어 담긴 것이다. 소비자의 입맛에 맞게 직접 조리해서 먹을 수 있도록 준비한 것이 밀키트의 특징이다.

코로나19로 성장한 HMR과 밀키트지만, 이후에도 이 두 시장은 대단히 첨예하게 경쟁하면서 보다 더 다양해질 것이다.

나는 이러한 시장의 변화를 지켜보면서 두 손 놓고 바라보기만 할 게 아니라 이 시장에 뛰어들어야겠다고 생각했다. 늘 그렇듯 오랫동안 준비하고, 연구한 끝에 최근 식음연구소 R&D팀과 함께 삼거리푸줏간의 이름으로 통만두, 곰탕 HMR 제품을 출시했다. 반응은 폭발적이지만, 나는 만족하지 않는다. 앞으로 계속 다듬고 보완하면서 포스트 코로나 시대와 그 이후에도 계속 사랑받는 제품으로 키울 것이다. 그리고 제대로 된 밀키트도 선보이고 싶다.

백설

지켜야 할 자산을 아는 것이 리뉴얼의 시작

CGV

치밀한 상상력으로 공간을 리노베이션하다

올리브영

주제 파악을 하라, 그것이 차별화 전략이다

갤러리아 백화점

특수와 독점을 무기로 VVIP 고객을 사로잡는 법

광해

마케팅의 시작은 제품이 기획되는 순간부터

명량

'어떤 상황에서도 할 수 있다'를 증명하는 것이 내 일이다

Part 2

더 나은 브랜드로 성장시키다

"무모한 모험이 아닌
계획된 도전을 한다"

chapter 1

백설

지켜야 할 자산을
아는 것이
리뉴얼의 시작

"어느 브랜드든 리뉴얼을 고민하는 시점이 온다.
이때 흔히 하는 실수는
트렌드에 맞게 새로워지려고만 한다는 것이다.
리뉴얼이란 나답지 않은 것들을 전부 잘라버리고
다시 본질로 돌아가는 작업이다."

正味 30kg (50斤)

精 糖
REFINED SUGAR

제 일 제 당

第一製糖工業株式會社

釜山市釜山八田里云八八四二工場

내

MADE IN KOREA

오래된 브랜드
버릴 것인가, 다시 살릴 것인가

사람들이 나에게 늘 하는 질문이 있다. "브랜드를 만드는 것과 리뉴얼하는 것 중 무엇이 더 어렵나요?" 하는 것이다. 브랜드를 새로 만드는 것은 당연히 어렵다. 그런데 기존의 브랜드를 리뉴얼하는 일은 훨씬 더 어렵다.

나는 CJ그룹의 브랜드전략 고문으로 일하면서 CJ의 수많은 브랜드와 만났다. 신규 브랜드 기획, 기존 브랜드의 리뉴얼 작업, 브랜드 홍보 및 영업까지 CJ의 브랜드전략을 총괄하는 업무를 담당했다.

CJ는 모두가 알다시피 식품생산, 서비스업, 엔터테인먼트, 미디어, 유통과 물류까지 소비자의 라이프스타일 전 사업군을 기업화한 대기업이다. 계열사만 해도 수십 개이고 그 계열사가 관리하는 브랜드는 수백 개에 이른다.

내가 CJ에서 일한 건 2010년부터 2015년까지였는데, 당시 CJ의 대표 계열사인 CJ제일제당만 해도 백설, 다시다, 해찬들, 행복한콩, 햇반, 쁘띠첼, 더건강한햄, 스팸 등 10개가 넘는 단독 브랜드가 있었다. 그리고 식품서비스를 담당하는 CJ푸드빌에는 내가 만든 비비고, 계절밥상, 제일제면소 외에도 내가 리노베이션을 담당한 빕스, 뚜레쥬르, 투썸플레이스, 더 플레이스, 몽중헌 등의 브랜드가 있었다.

일을 하다 보면 브랜드의 운명도 사람의 인생과 같다는 생각이 든다. 잘나갈 때도 있고 안 될 때도 있다. 매출이 부진해서 기를 못 펼 때도 있고, 병이 나서 누워 있을 때도 있다. 그러다 외부적 요인에 의해 팔려가기도 하고, 결국 명을 다하기도 한다.

나는 CJ 브랜드들의 의사여야 했다. 소중하게 탄생한 브랜드가 하루아침에 죽는 일이 생기지 않도록, 각 브랜드의 장점을 찾아 어떻게든 재도약할 모멘텀을 만들어주는 것이 나의 역할이었다.

그동안 많은 브랜드의 리뉴얼을 담당했지만, 역시 가장 기억에 남는 건 백설이다. 백설은 제일제당의 장남 격이었는데 그만큼 유명하고 익숙하다는 이유로 CJ의 동생 브랜드들만큼 관심을 받지 못하고 방치되어 있었다. 굳이 돌봐주지 않아도 제 몫을 하는 브랜드였기 때문이다.

백설이 처음 만들어진 건, 한국전쟁 직후인 1953년이다. 제일제당공업주식회사는 한국 최초로 국산 정제 설탕을 만들고, 1965년 가정용 설탕 브랜드 '백설'을 탄생시켰다. 이미 브랜드 이름과 로고에서 알 수 있듯 백설은 눈꽃처럼 반짝이는 하얀 설탕을 의미한다.

제일제당은 이후 밀가루, 식용유, 다시다, 햄, 만두, 김, 올리고당, 참기름, 양념장 등으로 분야를 확장하며 국내 최대 식품 브랜드가 된다. 백설의 역사가 곧 대한민국 밥상의 역사인 셈이다.

그러다 보니 백설이 가진 인지도에 의존해서 CJ에서 생산하는 식품들에 전부 백설 브랜드를 붙이던 시절도 있었다. 백설 브랜드만 갖다 붙이면 잘 팔리겠지 하는 생각이었을 것이다.

내가 생각하기에 백설은 오랜 역사와 특유의 부드러운 매력을 지닌 백자와 다름없다. 그런데 늘 집에서 사용하니 얼마나 귀한 것인지 잊게 되었다. 늙고 낡았으니 심하게 말하면 요강 취급을 받고 그 안에 이것저것 다 넣은 것이다.

그런 일들이 쌓이다 보니 결국 브랜드의 정체성이 무너졌다. 게다가 외부에서는 젊고 세련된 이미지를 내세우는 경쟁업체들이 호시탐탐 백설의 자리를 노리고 있었다.

숫자는 거짓말을 하지 않는다. 결과는 매출 부진으로 이어졌다. 어느샌가 젊은 사람들에게 백설은 엄마 세대나 찾는 낡고 촌스러운 브랜드가 되어 있었다.

리뉴얼이란 변질된 본질을
도려내는 수술

위기감을 느낀 CJ는 2009년에 대대적으로 백설을 리뉴얼하기로 결심한다. 젊은 세대에게 어필하려면 낡고 오래된 이미지는 버리고 세련된 이미지를 새로 입혀야 한다고 생각한 것이다.

일단 브랜드 로고를 과감하게 바꿨다. 2002년부터 2009년까지 사용하던 파란 눈꽃 로고를 버리고 열정과 젊음을 상징하는 빨간색 팔레트 모양의 로고로 변경했다. 글로벌 브랜드로 도약하기 위해 '백설' 대신 'BekSul' 영문으로 로고를 디자인했다.

당연히 광고도 새로 했다. 당시 TV 광고는 빠른 템포의 리드

미컬한 음악에 맞춰 빨간 구두, 빨간 전화기, 빨간 풍선 등 온갖 빨간 물건들이 나오고 빨간 머플러를 한 서양 외국인 여성까지 등장해 젊음, 새로움, 즐거움을 강조했다. 그리고 백설의 새로운 슬로건이 등장한다.

백설이 빨갛게 새로워집니다. 빨강과 놀다, 백설

결과는 참패였다. 매출은 늘지 않았고 사람들의 반응은 냉담했다. 야심 차게 준비한 슬로건도 효과가 없었다. 갑자기 이미지 변신을 하려는 백설을 보며 소비자들은 오히려 혼란스러워 했다. 내가 알던 백설이 맞나 싶었을 것이다.

2년 후인 2011년, CJ는 다시 한번 백설을 리뉴얼하기로 결정한다. 내가 CJ에 입사한 직후였다. 지금 백설이 뭐가 문제인지 전반적으로 점검하고 리뉴얼하라는 지시가 떨어졌다.

이미 옷을 갈아입은 브랜드에게 다시 새로운 옷을 입히는 것. 이것은 지금까지 내가 했던 프로젝트 중 가장 어려운 일이었다. 우리 TF팀은 밤낮없이 회의를 이어갔다.

백설은 대중성을 확보한 브랜드였다. 친근하고 익숙한 이미지는 단기간에 얻을 수 있는 게 아니다. 브랜드에 대한 소비자의 신뢰와 애정이 긴 세월 동안 쌓이고 쌓여야만 가능한 일이다.

2009년 리뉴얼의 실패 요인은 이미 가지고 있던 백설의 장점을 살리지 못한 데에 있었다. 결국 우리가 내린 결론은 '백설다움을 찾자'였다.

이때 생각난 것이 "그래, 이 맛이야"라고 외치던 김혜자 선생님의 제일제당 다시다 광고다. 60년 동안 꾸준히 우리 옆에 있었던 우리가 사랑했던 백설의 역사, 시간으로 빚어진 정통성Heritage을 다시 한번 각인시키는 것이 무엇보다 중요했다. 그렇게 탄생한 슬로건이 바로 이것이다.

1953년부터 맛은 쌓인다. 백설

CF 콘셉트도 백설의 따뜻한 이미지를 살리는 데 중점을 두었다. CF의 첫 장면은 1953년 국내 최초로 설탕을 생산한 제일제당의 흑백 사진으로 시작한다.

빵을 먹으며 즐거워하는 70~80년대 여고생들, 흑백 TV 앞에 온 가족이 모여 앉아 김혜자 선생님의 광고를 보는 모습, 그리고 2010년대 식탁까지. 일상의 풍경들이 서정적인 음악과 함께 천천히 지나가며 나레이션이 흐른다.

'백설다움'을 찾기 위해 우리는 전통이 녹아든
백설의 로고를 만들고, 제품의 옷을 새로 입혔다.
그리고 백설의 힘을 보여주기 위해 '백설 요리원'을 만들었다.

1965년

1977년

2002년

2004년

2006년

2009년

2011년

백설 로고 변천사.
60년 동안 한국인의 식탁을 책임진 백설.
2011년, 백설의 전통을 살린 새로운 로고를 탄생시켰다.

그때, 그곳, 그 맛.

그때부터 지금까지 우리 집 식탁에 맛있는 눈이 내립니다.

맛은 사라지지 않는다.

맛은 쌓인다. 백설.

60년간 한국인의 식탁에 늘 백설이 있었다는 것. 이것이 백설의 무기였다. 친근하고 익숙한 백설의 이미지는 1953년부터 대한민국 먹거리를 책임져온 기업만이 가질 수 있는 특권이자 유산이었다.

로고 디자인도 백설의 전통을 표현하는 데 중점을 두었다. 우선 백설의 시그니처인 눈꽃 로고를 부활시켰다. 품위를 살린 휘장 문양에 'SINCE 1953'도 새겨 넣었다. 이렇게만 하면 자칫 무겁고 올드해 보일 수 있으므로 서체, 컬러, 선 등은 레트로한 느낌으로 마무리했다.

오랜 세월 백설 제품을 애용해준 기성세대에게는 향수를 불러일으키고, 요리를 막 시작하려는 젊은 세대에게도 어필할 수 있는 로고가 탄생한 것이다.

브랜드의 역사성과 정체성을 파괴하는
변신은 '유죄'다

변화를 시도할 때 흔히 하는 실수가 무조건 젊어지려는 것이다. 해찬들도 백설과 비슷한 일을 겪었다.

고추장으로 유명한 해찬들은 원래 중소기업 브랜드였다. "고추장 비밀은 며느리도 몰라, 아무도 몰라"라는 광고가 크게 유행하며 고추장 시장 1위 타이틀을 얻기도 했던 해찬들을 2000년대 초반 CJ가 인수합병을 하게 된다.

인수합병 시 가장 큰 문제는 인수한 대기업 조직원들의 프라이드다. 대기업에서는 중소기업의 전문성을 인정하기보다 현대화해야만 한다고 생각하고, 그게 대기업의 힘을 보여주는 것이라고 생각한다. 제일제당의 몇몇 임원들은 해찬들이 가지고 있는 따듯한 정서를 무시했다. 세련되고 현대적이어야 한다는 강박으로 해찬들의 리뉴얼을 감행했다.

해찬들은 기존의 이미지를 버리고 '시크'한 고추장으로서의 변신을 꾀했다. CF에는 세련된 차림을 한 여배우가 고추장 파스타를 만드는 장면이 나온다. 그리고 이렇게 말한다. "요리는 능력이다."

같은 시기 대상그룹은 순창고추장으로 전통을 강조했다. 이때 해찬들은 세련됨을 강조하면서 해찬들이 제일제당 소속임을 부각시켰다.

결과는 당연히 좋지 않았다. 시크한 고추장이 웬 말인가. 한국의 전통이자 문화인 고추장에 굳이 세련된 이미지가 필요했을까. 게다가 전통음식의 기업화라는 이미지까지 겹쳐 오히려 소비자의 반감을 샀다.

자신에게 맞지 않는 옷을 입고 있던 해찬들을 살리기 위한 대책이 필요했다. 해찬들 브랜드를 다시 기획하며, 나는 우선 고추장이 고추장다우려면 무엇이 필요한지 생각했다.

장이란 자고로 자연 속에서 사계절을 다 겪어야 제맛이 난다. 한국의 장은 기다림의 미학이 완성해내는 예술이다. 즉 숙성의 시간이 장맛의 본질이다. 나는 숙성이라는 키워드를 계절, 느림, 기다림이라는 단어와 연결해 철학적으로 풀어보자고 했다.

맛은 기다림으로부터
자연의 시간표대로. 해찬들.

이렇게 탄생한 것이 봄, 여름, 가을, 겨울별로 테마가 있는 시리즈 광고다. 춘분, 청명, 입하 등 한국의 24절기를 자연의 시간표에 비유하고, 계절을 버텨내는 한옥 마당의 장독들, 그 계절에 어울리는 소박한 밥상들을 화면에 담았다.

파스타도 만들 수 있다는 '시크'한 고추장의 겉멋은 다 도려내고, 긴 시간을 견뎌 더욱 깊은 맛을 낸다는 고추장의 본질만을 남긴 것이다.

브랜드를 유지하기 위해선 브랜드가 가야 할 길과 가지 말아야 할 길을 잘 알아야 한다. 그리고 자기다움을 잃지 않아야 한다. 본질을 외면한 채 만들어진 브랜드는 아무리 그럴싸하게 포장한들 결국 소비자에게서 멀어질 수밖에 없다.

'그 선은 넘으면 안 돼!'
콘셉팅의 기본은 교통정리부터

한 회사에 브랜드가 여러 개라면 또 하나 중요하게 생각해야 할 지점이 있다. 브랜드별로 서로 넘지 말아야 할 선을 정해야 한다는 것이다. 그러지 않으면 한 회사의 여러 브랜드에서 비슷한 제품이 한꺼번에 쏟아진다.

제일제당이라는 부모 밑에는 자식들이 한둘이 아니다. 나는 이 기회에 제일제당 전 브랜드를 모두 점검하겠다고 했다. 당연히 기업 사람들은 호의적이지 않았다. 미션을 하나 주면 그것만 잘하면 될 것이지, 왜 일을 열 가지, 백 가지로 늘리냐는 것이었다.

일을 크게 벌이면 돈도 많이 들고 각각의 브랜드를 조율하기도 쉽지 않아 이도 저도 안 될 것이라고 했다. 그래도 포기할 수 없었다. 백설을 살리려면 교통정리가 필요했다. 나는 제일제당 각 브랜드의 콘셉트를 점검하고 포트폴리오를 재조정했다.

백설의 정체성은 '요리의 기본을 책임지는 브랜드'여야 했다. 설탕과 올리고당 등의 당류, 밀가루와 홈베이킹 등의 분류, 식용유와 참기름 등의 유 소재, 양념장과 소스. 여기까지가 백설의 역할이다. 완제품이나 HMR 식품은 절대 백설 브랜드로 나와서는 안 된다고 생각했다.

CJ제일제당 건물 1층에 '백설 요리원'이라는 쿠킹 스쿨도 만들었는데, 백설 제품과 채소, 육류 등 원재료만 있으면 웬만한 한식을 다 만들 수 있다는 것을 보여주고 싶었기 때문이다.

브랜드를 키울 때 가장 중요한 것은 해야 할 것(to do)과 하지 말아야 할 것(not to do)을 명확하게 구분하는 일이다. 그래야만 소비자의 선택도 받을 수 있다. 이것이 '브랜드다움'이다.

비비고를 글로벌 한식 대표 브랜드로 기획했을 때에도 나는 오로지 좋은 재료와 전통의 맛이 구현 가능한 제품에만 비비고라는 이름을 붙이고 싶었다. 비비고라는 이름을 들었을 때, 바로 건강한 한식이 떠오르게끔 말이다.

그런데 요즘 비비고의 이름을 단 제품이 수도 없이 나오고 있다. 브랜드를 낳은 사람의 입장에서 좋은 제품들이 많아지는 것은 환영할 만한 일이지만, 특유의 비비고다움을 잃지 않았으면 한다.

새로운 제품을 비비고 라인에 포함하고 싶더라도 비비고와 맞지 않는다면 참아야 한다. 나에게 각별한 브랜드인만큼 비비고가 할 것과 안 할 것을 잘 구분해 건강한 한식이라는 정체성을 잃지 않았으면 한다.

햇반도 마찬가지다. 햇반의 정체성은 뚜껑을 열었을 때 김이 나는 기름진 뽀얀 쌀밥이 아닌가. 그래야 '밥보다 맛있는 밥, 햇반'이라는 콘셉트를 지킬 수 있는 것이다.

나는 햇반이 만약 신제품을 개발한다면 현미밥, 오곡밥 등 곡물까지는 괜찮아도 절대 김치볶음밥을 만들어서는 안 된다고 말했다. 햇반은 조미한 밥이 아닌 어디까지나 밥 그 자체로 승부해야 한다. 자제하지 않으면 끝내 길을 잃는다. 제품의 콘셉트를 지킨다는 건 자제하는 능력을 기르는 것과 같다.

해야 할 것과 하지 말아야 할 것을 분명하게 설정할 때, 브랜드의 철학이 만들어진다. 비비고는 비비고다워야 한다. 여기서 '답다'라는 말이 매우 중요하다. 그 브랜드만의 정체성을 담은 말이기에 그렇다.

이 말은 사람에게도 마찬가지다. 세상을 살면서 '나다움'을 지켜내기는 쉽지 않다. 언제든 내 주변 사람도 변하고 상황도 변하기 마련이다. 하지만 자신의 정체성만큼은 변함없이 간직해야 한다. 결국 나다움이 나를 지키는 힘이라는 사실을 늘 마음에 새겨야 한다.

'어떻게 바꿀까'보다
'무엇을 남길까'를 생각하라

나는 식음료 사업 브랜드 중 가장 훌륭했던 브랜드가 풀무원이라고 생각한다. 백설을 리뉴얼하기 전까지 제일제당을 제외한 기타 브랜드들, 예컨대 CJ의 행복한콩, 프레시안, 해찬들이 풀무원을 이겨본 적이 없었다.

지금도 두부 하면 풀무원 두부가 대세인데, 슬로건의 힘 때문이다. 사실 눈 감고 먹어보면 풀무원 두부와 CJ 두부의 맛은 크게 다르지 않다. 게다가 둘 다 손두부가 아니라 공장에서 만들어지는 것이라 신선도 차이도 크지 않다.

그럼에도 풀무원 두부가 CJ의 '행복한콩' 두부보다 우위를 점하는 이유는 딱 하나다. 슬로건과 브랜드 컬러가 주는 이미지 때문이다. "바른 먹거리, 풀무원" 이 한 줄의 슬로건이 지금의 풀무원을 만들었다고 해도 과언이 아니다.

식품 브랜드라고 하면 무조건 맛을 홍보하려고 하기 쉬운데 풀무원은 일찌감치 다른 방식으로 접근했다. 바르고 정직하게 식품을 만드는 기업 이미지를 선점한 것이다.

게다가 원래 초록색은 식감을 저해하는 색이라 옛날에는 식품업계가 절대 쓰지 않았지만, 풀무원은 이례적으로 초록색을 사용했다. 그런데 점점 유기농, 건강식에 관한 관심이 커지고 초록색이 신선하고 건강한 느낌을 주는 색으로 많이 사용되면서 풀무원의 정체성이 아직도 잘 유지되고 있다.

브랜드를 리뉴얼하기 위해서는 브랜드의 장단점을 세밀하게 분석해야 한다. 예를 들어 노희영이라는 사람을 리뉴얼한다고 해보자. 일에 미친 워커홀릭이고, 잔소리쟁이다. 자기 마음대로 안 되면 성질이 불같아진다. 이건 단점이기도 하지만 장점이 될 수도 있다.

이런 성격의 노희영을 리뉴얼한다고 해서 갑자기 신사임당 같은 이미지를 부여하거나 가정적인 어머니상을 만들 수는 없다. 오히려 본연의 성격을 그대로 부각해야 한다.

새로운 브랜드를 만들 때는 전장에서 최전선을 책임지는 장수였다가, 브랜드를 리노베이션할 때는 전략을 만드는 지략가, 직원들을 교육시킬 때는 군인학교의 교장이 되어야 한다. 그것이 노희영의 장점을 살리는 일이다.

그리고 기업들이 자주 빠지는 유혹 중 하나가 상품의 수를 늘리려는 것이다. 매출이 낮으면 기업에서는 위기를 타개하기 위해 늘 신제품을 개발하려고 한다. 물 장사는 물로 돈을 벌어야 하는데 물 장사가 잘 안 되면 커피 장사나 콜라 장사를 한다.

하지만 액체라고 해서 다 같은 것이 아니다. 물, 커피, 콜라는 카테고리가 엄연히 다르다. 이렇게 방향을 바꿔버리면 결국 소비자는 물맛 자체를 의심할 수밖에 없다.

이럴 땐 오히려 물을 소재로 할 수 있는 것을 홍보해야 한다. 예를 들어 "커피도 물맛이 중요하다. 이 물로 만든 커피가 가장 맛있다"고 어필하는 것이다.

한번은 TV조선 임원이 내게 의견을 구한 적이 있다. 불과 몇 년 전 TV조선은 JTBC보다 시청률도 낮고 나이 든 세대만 보는 방송이라는 이미지가 강해서 젊은 방송으로 변하고 싶어 했다. 그래서 어떻게 해야겠냐고 물어본 것이다.

그때 나는 단언했다. 정체성을 버린 변신은 유죄라고. 머지않아 실버 세대가 위력을 발휘하는 시대가 올 텐데 TV조선이나 조선일보가 이미 확보한 충성 고객을 왜 버리려 하냐고 했다. TV조선은 TV조선답게 시니어 세대에게 어울리는 콘텐츠를 개발하는 것이 TV조선이 해야 할 일이자 살 길이라고 말했다.

내 말 때문은 아니었겠지만, 이후 TV조선은 〈미스트롯〉과 〈미스터트롯〉으로 대성공을 거뒀다. tvN이나 JTBC에서는 불가능한, 시니어 세대와 예비 시니어 세대에게 딱 맞는 콘텐츠로 승부한 것이다.

자신이 만든 브랜드나 자신이 지금 일하고 있는 회사의 브랜드들을 늙었다, 낡았다고 깎아내려서는 안 된다. 고물 취급하며 쓰레기통처럼 사용하던 브랜드가 알고 보면 장인이 만든 도자기일 수도 있는 것이다.

'어떻게 바꿀 것인가'를 생각하기 전에 '무엇을 남길 것인가'를 생각해야 한다. 그렇지 않으면 지금껏 쌓아온 것조차 잃어버리게 될지도 모른다. 중요한 것만 남기고 본질이 아닌 것들은 과감하게 쳐내면 된다. 그것이 내가 생각하는 리뉴얼의 기본이다.

경쟁자를 못 이길 바에는
새 판을 짜라

전통을 지키고 그대로 유지하는 것은 매우 중요하다. 그러나 한 가지 이미지와 전략을 계속 고수했는데 승산이 없을 땐 어떻게 해야 할까? 개인이라면 계속 밀어붙일 수 있지만, 기업 입장에서 승산 없는 싸움을 계속하긴 어렵다. 이럴 땐 제일제당의 '다시다 정신'이 그 답이다.

1950년대 대상그룹에서는 조미료 '미원'을 출시했고, 대성공을 거뒀다. 1960년대 제일제당이 미원과 유사한 조미료 브랜드 '미풍'을 만들며, 이른바 '조미료 전쟁'이 발발했다.

미원과 미풍의 경쟁은 말할 수 없이 치열했다. 하지만 이미 조미료 시장을 선점하고 있던 미원을 뛰어넘기란 불가능했다. 결국 조미료 전쟁의 승리는 미원이 차지했다. 당시 제일제당은 삼성 산하의 브랜드였는데, 삼성 창업수 이병철 회장님이 "세상 내 맘대로 안 되는 게 자식과 골프 그리고 미원"이라고 했다고 전해진다.

하지만 이병철 회장님은 포기하지 않았다. 미풍으로 승리할 수 없다면 새로운 브랜드가 필요했다. 시행착오 끝에 일본의 조미료인 혼다시ほんだし에서 착안한 새로운 조미료 '다시다'를 1975년에 만들었다. 일본 음식의 기본이 가다랑어라면 우리나라는 소고기다. 미역국, 뭇국, 떡국, 설렁탕, 만둣국 등 많은 음식의 국물 베이스가 소고기 육수다. 제일제당은 화학조미료 미원을 이기지 못할 바에는, 판을 바꿔 새로운 시장을 만드는 쪽을 선택한 것이다.

제일제당이 다시다로 1위를 달리자 대상은 뒤늦게 '맛나'를 만들었다. 다시다와 맛나의 격돌은 미풍과 미원의 전쟁보다 더욱 치열했다. 두 회사의 영업직원들은 몸싸움을 하고 경찰서까지 끌려갔다.

이후 다시다는 김혜자 배우를 모델로 세워 "그래, 이 맛이야"라는 유행어로 국내시장을 완전히 사로잡았다. 그리고 다시다는 지금까지 시장 1위를 유지하고 있다.

2013년은 CJ그룹이 60주년, 사람으로 치면 환갑을 맞는 해였다. 회사에서는 60주년을 기념해 CJ그룹의 역사를 담은 책을 만들었다. 내가 맡고 있었던 브랜드전략팀에서 책 표지를 컨펌할 차례였다.

누가 봐도 사사 같은 진부한 디자인이었다. 그냥 넘어갈 수도 있는 일이었다. 하지만 나는 내 시간을 쪼개 본문을 하나 하나 다 읽고, 수정하고, 사진을 찾아 디자인을 다시 잡았다. CJ그룹 직원 중 이 책을 10번 이상 읽은 사람은 아마 나밖에 없을 것이다.

나는 기업에 몸담고 있는 동안에는 그 회사와 나의 일에 미쳐 있다. 그리고 늘 내 보스를 존경하고 따른다. 그러지 않으면 난 하루도 그 회사를 다닐 수 없다. 그렇게 회사와 보스에 빠져 있으니 자연스럽게 회사와 보스들의 철학을 배우게 되었고, 그곳의 장점을 흡수하게 되었다. 그렇게 오늘의 노희영이 만들어졌다.

내가 CJ그룹에서 얻은 가장 큰 재산은 '다시다 정신'이다. 1등을 놓쳤을 때 그것이 승산이 있는 게임인지 아닌지 냉정하게 판단해야 한다는 것을 다시다 정신을 통해 배웠다.

만약 이길 수 없는 게임이라면, 과감하게 새로운 시장을 만들고 그 시장을 선점할 브랜드를 만들어야 한다. 지금도 나는 이 다시다 정신으로 나의 브랜드를 만들고 유지하고 있다.

chapter 2

CGV

치밀한 상상력으로
공간을
리노베이션하다

"영화관에서 파티를 한다면?
음악 영화를 볼 때 좋은 헤드폰으로 들으면
더 실감 날까?
자동차에 있는 듯한 영화관은 어떨까?
이런 상상력은 새로운 기획의 원동력이 된다."

대한민국 최초의
멀티플렉스 영화관 CGV

코로나19로 모든 산업이 타격을 받고 있다. 특히 공간을 활용하는 장치산업 분야는 고민이 더 많을 것이다. 고객을 어떻게 하면 안전하게 보호하고 확보할 것인가에 대한 비상한 아이디어를 모아야 하기 때문이다.

공간에 대한 개념이 달라지고 있는 요즘, 공간을 리노베이션함으로써 브랜드의 가치를 높이고, 영화관 문화를 선도해온 CGV 이야기를 해보려고 한다.

대한민국 국민이라면 누구나 알고 한 번쯤 가봤을 영화관 CGV. 지금 우리가 상상하는 영화관의 모습은 모두 CGV에서 시작되었다. CGV는 한마디로 '전에 없던 새로움'으로 영화관에 대한 인식을 바꾼 브랜드다. 이 브랜드는 어떻게 탄생한 것일까?

우리나라 인구는 5천만 명이다. 사실 이 정도 시장 규모에서 영화 콘텐츠를 만든다는 것은 쉬운 일이 아니다. 할리우드의 거장 스티븐 스필버그 감독은 CJ 이재현 회장님과 이미경 부회장님에게 이렇게 조언했다고 한다.

배급권을 갖지 않으면, 그리고 멀티플렉스 영화 상영관을 갖지 않으면 인구 5천만의 한국 시장에서 영화 콘텐츠 사업으로 수익을 내기는 굉장히 어려울 것이다.

스필버그와 CJ의 인연은 아주 특별하다. 스필버그는 전 월트 디즈니 회장 제프리 카젠버그, 음반 제작자 데이비드 게펜과 함께 '드림웍스'라는 영화 제작사 겸 배급사를 설립했다.

이때 드림웍스 지분 매입에 처음 손을 든 회사는 삼성이었다. 스필버그는 삼성과의 미팅에 참여한, 영화에 관심이 많고 영리한 이미경 부회장님에게 감명받았지만, 삼성과 영화산업은 어울리지 않는다고 생각해 협상은 결렬됐다.

이후 삼성으로부터 CJ가 분리되자 스필버그가 먼저 이미경 부회장님에게 제안하면서, CJ와 드림웍스의 파트너십이 이루어졌다. 그때 CJ 이재현 회장님과 이미경 부회장님에게 직접 배급권과 멀티플렉스 상영관에 대해 조언했다고 한다. 그의 조언은 매우 정확했고, 지금도 CJ는 스필버그의 룰을 절대적으로 따르고 있다.

스필버그의 이야기는 우리나라 인구 규모로 내수 영화 시장만을 바라보고 큰 대작을 만든다는 것은 불가능하기에, 콘텐츠에 제대로 투자하려면 영화 배급권을 가지고 멀티플렉스 영화관 체인을 운영해야만 수익 구조가 맞을 것이라는 의미였다.

그 당시 영화관은 단관 상영관에 가까운 서울극장, 피카디리, 대한극장 등만 있던 상황이었다. CJ그룹은 스필버그 감독의 조언을 받아들여 한국에는 없던 멀티플렉스 영화관을 짓기 시작한다. 그리고 1998년 'CGV 강변 11'이 개관했다. 대한민국 최초로 브랜드를 가진 새로운 개념의 영화관이 생겨난 것이다.

그러나 CGV 개관 후 얼마 되지 않아 롯데시네마, 메가박스가 연달아 생기며 멀티플렉스 경쟁이 시작됐다. 아무래도 영화관은 투자비용이 높은 사업이다 보니 위치가 상당히 중요하다.

그런데 롯데는 부동산이 워낙 강한 기업이었기 때문에 후발 주자였음에도 롯데시네마가 좋은 위치들을 많이 선점해, CGV를 빠르게 추격해오고 있었다.

그러다 보니 이제 경쟁 대상이 영화 콘텐츠가 아닌 편의시설로 옮겨가고 있었다. 기계적 설비나 공간에 대한 만족도, 즉 어느 영화관 의자가 더 편한가, 어느 쪽 스크린이 더 큰가를 두고 경쟁하게 된 것이다.

CGV가 처음 개관하고 20년 가까이 지났을 무렵, 영화 상영관의 기능에만 충실하던 CGV에는 돌파구가 필요했다. 다시 한번 시대를 이끄는 브랜드로 변신해야만 했던 것이다. 내가 CGV의 리노베이션을 맡게 된 건 바로 이때였다.

브랜드 이미지를 만드는 데 타협은 없다

내가 처음 리노베이션한 CGV는 청담씨네시티점이다. 이곳은 원래는 씨네시티라는 이름으로 운영되던 영화관이었다. 개인회사가 운영하다 보니 큰 수익을 내진 못했지만, 학동 사거리에 자리 잡고 있어 강남의 랜드마크나 다름없었다.

또 청담동은 트렌드를 주도하는 상징적인 지역이었기 때문에

이 건물을 어떤 회사가 차지하느냐가 굉장히 중요한 문제였다. 이 건물을 CJ가 확보하면서 기존의 씨네시티를 CGV로 재단장하는 프로젝트에 내가 투입됐다.

그런데 문제는 비싼 땅값이었다. CJ 입장에서는 상업 시설로서 최적의 로케이션을 얻었지만 손익을 계산하면 한숨이 나올 수밖에 없었을 것이다.

당시 임직원들은 임대 수익을 최대한 올릴 수 있는 쪽으로 건물을 활용하려고 1~4층에 치과를 입점시키겠다고 했다. 건물의 황금층인 1~4층에 치과를 배치해 임대 수익을 올리고 5층부터 14층까지를 CGV로 쓰겠다는 것이었다.

나는 이 말을 듣고 너무나 화가 났다. 영화 보러 가는 길에 치과가 웬 말인가. 치과라는 말만 들어도 통증부터 떠오르는데, 이가 아픈 상상을 하게 만드는 건물에서 누가 영화를 보고 싶어 할까? 브랜드를 알리고 새로운 공간의 미학을 보여주어야 할 영화관 건물에서 1~4층을 치과에 내어준다는 것은 아무리 생각해도 말이 안 되는 소리였다.

그리고 만약 1층부터 14층까지 CGV를 넣는다고 해도 1층에는 무조건 티켓 카운터를 두어야 한다는 의견도 있었는데 나는 그

의견에도 결사반대했다. 오프라인에서 티켓을 사는 관객이 점점 사라질 것을 예감했기 때문이다.

물론 오프라인 매표소가 여전히 있긴 했다. 특히 코엑스의 메가박스는 어마어마하게 큰 1층 로비를 자랑하는데, 당시에는 엄청나게 많은 사람이 긴 줄을 서서 티켓을 구매하곤 했다. 마냥 줄 서서 기다리다가 원하는 영화가 매진되면 원하지 않는 영화를 보기도 하던 시절이다.

하지만 창의성이라는 것은 시대의 흐름, 고객의 기호가 어떻게 변화하는지 그 방향을 바라볼 때 나온다. 당시 10년 전만 해도 QR코드까지는 아니더라도 온라인이나 전화로 예매하는 시스템이 생겨나고 있었다.

1층에 커다란 티켓 카운터를 두어 공간을 낭비하느니, 기계들을 설치해두고, 온라인이나 전화로 예매한 고객이 예매 번호를 기계에 입력해서 티켓을 뽑을 수 있게 하는 것이 더 효과적이라고 생각했다.

영화만 보여주는 공간을 넘어
라이프스타일을 제시하는 공간으로

나는 청담 CGV 건물 1~4층에 치과가 아니라 CJ그룹 계열사의 브랜드를 넣자고 주장했다. 1층에는 뚜레쥬르, 비비고, 투썸플레이스를, 2층에는 스테이크하우스, 카페, 베이커리, 레스토랑으로 꾸미고, 3층에는 엠넷에서 팬 사인회나 쇼케이스 등을 할 수 있는 오픈 스튜디오를, 4층에는 CJ오쇼핑의 익스피리언스 몰을 두자고 제안했다.

당시만 하더라도 온라인 쇼핑몰 상품을 직접 입어볼 수 없는 것에 대한 고객의 불만이 꽤 있었다. 그래서 CJ오쇼핑에서 판매하는 자사 브랜드를 직접 경험하고 체험할 수 있는 익스피리언스 몰을 두자고 한 것이다.

이런 쇼케이스 매장들은 사실 매출에 큰 도움은 안 된다. 하지만 CGV를 새롭게 브랜딩하려는 이 시점에 중요한 건 눈앞의 이익이 아니라, CGV를 찾는 사람들에게 영화 그 이상의 색다른 경험을 선사하는 복합문화공간을 제공하는 것이라고 생각했다.

앞으로 영화관은 단순한 영화 상영만으로는 승패를 겨룰 수 없을 것이다. 설비나 기계의 우위를 가지고 경쟁하는 싸움은 누구나 따라올 수 있는 싸움이 아닌가.

게다가 홈시어터 성능이 점점 좋아지고 있던 터라 굳이 영화관에 와서 영화를 보려는 사람에게는 그만큼의 혜택을 제공해야 한다고 생각했다. 말하자면 CGV만이 주는, 그 장소만이 주는 꿈과 희망이 있어야 했다.

나는 그 건물 자체를 '가고 싶은 그곳'으로 만들고 싶었다. 아침에는 1층에서 브런치를 먹고 카페에 앉아서 책을 읽거나 음악을 듣다가, 점심에는 CGV에서 영화를 보고, 또 필요한 물건이 있으면 4층에서 쇼핑도 할 수 있는, 말하자면 라이프스타일을 온통 채워줄 수 있는 곳이면 어떨까.

서점이라는 공간을 북카페로 변화시킨 일본의 츠타야TSUTAYA 서점이 개장한 것도 그 무렵이었는데, 우리나라도 점점 라이프스타일이 변화할 것이고, 그에 맞게 CGV가 진화해야 한다고 생각했다.

그 결과 청담 CGV는 CJ그룹 6개 계열사의 다양한 브랜드가 한곳에 모여 있는 형태가 되었는데, 다양한 문화시설을 제공하는 동시에 CJ그룹의 브랜드를 강화하는 데에도 기여했다는 평가를 받고 있다.

청담 CGV는 한 건물 안에 다양한 콘셉트의 상영관이 있다.
소수만 이용할 수 있는 프라이빗 시네마, 더욱 실감 나는 소리를
들을 수 있는 비츠관 등 상영관마다 개성을 살렸다.

모두의 영화관이 아니라
'나만의' 영화관이 되는 상상의 힘

상영관을 구성할 때에도 내가 고민한 것은 타사의 멀티플렉스들과 어떻게 차별화할 것인가였다. 그때는 모든 상영관의 스타일이나 형태가 똑같은 시절이었는데, 콘셉트가 있는 '부티크 시네마'를 만들고자 설계 초기 단계부터 국내 최초로 다양한 브랜드와 협업을 시도했다.

청담 CGV 5~6층은 현대자동차와 제휴한 기아관KIA CINEMA이라는 이름으로 운영했다. 기아관에서는 영화 시작 전에 상영되는 광고를 볼 때 관객 스스로 직접 운전하는 듯한 경험을 할 수 있다. 또 삼면체 스크린에 선루프를 두어 더욱 실감 나게 했다.

7층은 음악 영화나 사운드가 강조되는 영화를 보는 데 최적화된 공간으로 기획했는데, 비츠Beats라는 브랜드의 하이 퍼포먼스 헤드폰을 좌석마다 구비해 생생한 사운드를 들을 수 있도록 했다. 한번은 마이클 잭슨이 나오는 영화를 비츠관에서 관람했는데, 정말 그가 내 귀에 속삭이는 듯했다. 또한 13층에는 의자가 움직이고 실제 향기도 나는 특수효과를 자랑하는 '4DX' 전문 상영관도 만들었다.

11~12층에는 좌석을 24석만 두고 소규모 상영관을 만들었다. '더 프라이빗 시네마'라는 상영관 이름처럼 '나만의' 영화관을 구현한 것인데, 와인이나 맥주를 즐기며 파티도 하고 영화도 동시에 볼 수 있는 곳이었다. 가끔은 배우들끼리 모여 영화를 관람하기도 하는데, 이때는 실제 촬영장에서 있었던 이야기가 곁들여져 그들만의 특별한 시사회가 되었다.

　　청담 CGV는 머릿속으로 그려보기만 하던 것을 실제로 구현해보는 꿈의 결정체 같은 공간이었다. 나는 청담 CGV를 지금도 나의 경력에서 매우 자랑스럽게 생각하는데, 이유는 청담 CGV의 등장 이후, CGV가 하나의 문화 캐치프레이즈가 됐기 때문이다.

　　나는 영화 볼 땐 무조건 CGV로 간다.

　　이 캐치프레이즈의 힘은 꽤 셌다. 이로써 CGV는 영화를 사랑하는 사람들의 니즈를 충족해주는 브랜드로 당당히 자리매김했다. 영화관이라는 공간을 어떤 콘텐츠들로 채워야 할지 고민하는 사람들에게 청담 CGV가 방향을 제시해준 것이다.

　　해외에서의 반향도 컸다. 청담 CGV 이전에도 CGV는 중국 시장에 진출했지만, 중국 내 영화관이 이미 많았기 때문에 크게 어필하지 못하고 있었다. 하지만 청담 CGV 개관 이후 중국의 웬

만한 큰 도시의 성장들이 직접 견학을 하러 오고, 중국 CGV 지점
도 상당수 늘었다.

경험을 쌓고 숙성시킬 때
상상력은 더 디테일해진다

CGV를 라이프스타일을 창출하는 공간으로 만들면서 또 하나 염
두에 두었던 건 위치에 맞는 콘셉트다. 강남은 모두가 잘 알고 있
듯 라이프스타일이 약간은 부르주아적인 동네다. 그 지역 자체가
프리미엄 시장이기 때문에 청담 CGV는 발렛파킹이라든지 기타
서비스 이용 시의 가격대를 다소 높게 책정해도 괜찮았다.

하지만 신촌 CGV의 경우는 유동인구의 특성을 고려해 미국
소호에 있을 법한 공간으로 기획했다. 대학생 혹은 20대들이 많
이 이용하기 때문에 건물 내에 혼자 공부할 수 있는 라이브러리
같은 공간을 배치했다.

영등포 타임스퀘어에 있는 CGV는 계단 중간을 뚫어 하늘이
보이게 만들어서 마치 다른 세계에 온 듯한 꿈의 공간으로 디자인
하기도 했다.

신촌 CGV는 언더 컨스트럭션의 콘셉트로
아티스트 스튜디오 같은 공간으로 만들었다.
20대 관람객이 많은 만큼 혼자 공부를 하거나
책을 읽을 수 있는 공간도 구성했다.

여의도 IFC몰 CGV 역시 나만의 상상력이 잘 발휘된 공간이라고 생각한다. 이곳은 특별히 없는 것을 있게 만드는 마술적 능력이 필요한 곳이었기에 완성에 대한 남다른 자부심이 있다.

IFC몰 CGV를 기획할 때는 아예 지하철역에서 CGV로 이어지는 통로를 뚫자고 제안했다. 지하철역에서 CGV 상영관 10개 관을 통과해서 사무실로 올라가면, 사람들은 자연스럽게 상영 중인 영화에 관심을 가질 수밖에 없지 않겠는가. 사람들의 주요 동선에서 영화관이 보이는 것과 보이지 않는 것은 너무도 차원이 다른 이야기다.

공간마다 콘셉트를 구상하고 아이디어를 내는 데 필요한 건 다양한 경험을 축적하면서 얻은 남다른 시선을 더욱 예리하게 갈고 닦는 것이다.

CGV만 해도 중국, 베트남을 포함한 세계 곳곳의 CGV 도면들을 대략 50개 이상은 본 것 같다. 그리고 내가 직접 디자인까지 관여한 영화관의 수도 거의 그 정도가 되다 보니, 이제는 어떤 공간을 보면 그곳을 어떻게 나누고, 사람들의 동선을 어떻게 만들어야겠다는 것이 한눈에 보인다. 물론 건축가보다야 빠르지 않겠지만 하나를 상상하더라도 치밀하고 디테일하게 생각해보려는 연습이 많은 도움이 된 것 같다.

by 이우경 사진작가

여의도 IFC몰 CGV는 나의 상상력이 발휘된 공간이다.
지하철역에서 CGV로 이어지는 통로를 뚫어,
사람들이 건물로 올라가면서 어떤 영화가 상영 중인지
자연스럽게 관심을 가질 수 있게 했다.

사람들을 하나로 묶는
설득의 기술, '확신'

청담 CGV를 내 생각대로 만들 수 있었던 건 기획의 전권을 내가 가지고 있었기에 가능했다. 하지만 CJ에서 나는 지주사 소속 임원에 불과했기에 당연히 어려움도 많았다. 여러 계열사의 브랜드를 한곳에 모으는 공간을 만들려면 회장님은 물론이고, 계열사 대표, 지주사 임원들까지도 설득해야 했다.

CGV는 CGV 나름대로, CJ푸드빌은 CJ푸드빌 나름대로 그곳 대표들이 본인의 핵심성과지표KPI를 가지고 움직이기에 협업은 매우 힘들다. 협업하라고 하면 그때부터 서로 주판알을 튕기면서 절대 손해 보지 않으려고 한다. 협업은 어느 한쪽은 손해를 보겠다는 생각을 해야 가능하다. 서로 이용만 하겠다는 생각으로는 절대 불가능하다.

이렇게 협업이라는 게 발휘되기 어려운 우리나라 대기업 구조에서 내가 앞장서서 시너지를 일으켜보겠다고 하자 오너들이 좋아할 수밖에 없었다. 오너 입장에서 보면 모든 브랜드가 자기 자식이다. 첫째가 노래를 잘하고, 둘째는 춤을 잘 추고, 셋째는 작곡을 잘하면, 이 아이들이 빨리 그룹사운드를 조직해서 돈을 많이 벌면 좋겠는데, 각자 자기들이 하고 싶은 것만 하겠다고 하니 얼마나 난감했겠는가.

이때, 그들이 하지 않으려는 협업을 이뤄내기 위한 나만의 무기는 확신을 가지고 밀어붙이는 것이었다. 대기업에서 무언가를 이끌어나가려면 설득하는 시간을 줄이는 일이 중요하다. 무리하더라도 빨리 끝내는 게 나은 상황도 있다.

그러다 보니 의견충돌을 조율하는 과정에서 욕도 많이 먹었는데, 그때 나는 비난을 받으면서도 행복했다. 어찌 됐든 새로운 것을 만들 기회가 주어졌다는 것, 구상한 것을 실현해볼 수 있다는 것이 감사했기 때문이다.

영화관의 미래는
경험의 즐거움에 달려 있다

요즘 분위기를 보면 시대 변화에 따라 영화관의 위상이 점점 축소되고 있는 것이 분명해 보인다. 이럴 때일수록 창의적인 발상의 전환이 필요하다. 앞으로의 영화관은 어떤 모습으로 변화할까?

나는 영화관이 특별한 경험을 제공하는 '공감의 공간'이 되어야 한다고 생각한다. 퍼스널리티의 중요성이 점점 강조되는 다음 세대에게는 '프리미엄관'이나 '프라이빗 영화관'과 같이 소수의 인원을 만족시키는 영화관이 점점 더 필요할 수도 있다. 게다가 바이러스로 인한 방역 문제도 중요해졌기 때문에, 관객 의자 배치나 공간 구성도 달라져야 할 것이다.

기술적 고민도 필요하다. '이 영화는 꼭 영화관에서 봐야 한다'라는 말이 나오도록, TV나 모니터 등 집에 있는 스크린이 해결해줄 수 없는 특화된 장점이 있는 상영관이 필요하다.

내가 CJ에서 나오기 전에 꼭 만들고 싶었던 영화관이 있었는데 바로 아이맥스IMAX 전용관이다. 런던 워털루 역 앞에 있는 대규모 아이맥스관을 가본 적이 있는데 스크린 세로 길이가 30미터에 달한다. 의외로 인간의 눈은 가로보다 세로로 더 많이 볼 수 있다. 세로가 긴 스크린도 얼마든지 가능한 것이다.

당시 본 영화가 〈배트맨〉이었는데, 세로가 긴 스크린에서 배트맨이 날아다니는 장면을 볼 때는 마치 내가 비행기에 타고 있는 듯한 현장감이 압권이었다. 상영관 의자의 경사가 매우 가파른 것도 인상적이었다. 스크린 못지않게 의자 배치에도 상당한 공을 들인 것이다.

그날 이후 우리나라에도 영국 아이맥스관 같은 곳을 만들겠다고 마음먹었다. 그러자면 아이맥스관을 위한 별도 설비가 필요한

데 우리나라는 층고 제한 등의 문제가 있어서 안타깝게도 만들지는 못했다.

물론 스크린 3면을 확장한 '스크린엑스Screen X', CGV가 개발하고 현재 세계로 수출되고 있는 오감 체험이 가능한 '4DX' 등 다양한 형태의 특화관이 점점 개발되고 있지만, 머지않아 육체 스크린이나 구球와 비슷한 형태의 화면으로 영화를 보는 날이 올지도 모른다. 이것이 실현된다면, 마치 VR처럼 본인이 영화 속에 들어가 그 안을 서핑하는 느낌일 것이다.

새로운 가치를 만드는 것이
좋은 브랜드다

CGV 브랜드의 성공 원인 중 가장 큰 것은 '리더의 역할'이다. 새로운 시도를 할 때 결정권자가 정확한 방향을 갖고 판단하는 일은 매우 중요하다.

영화관은 장치산업이다 보니 기술적인 문제에서 가장 힘들어하는 사람들이 바로 인테리어 담당자들이다. 예를 들어 의자의 각도를 두고도 치열한 다툼이 있을 수 있다. 한쪽은 의자의 기울기가 뒤로 젖혔을 때 어느 정도 되어야 발이 편하다는 사실을 근거로 차별화된 각도를 주장하고, 다른 쪽은 디자인 완성도를 강조하고, 또 다른 쪽은 투사 대비 효율을 얻을 수 없다며 인테리어 자체를 반대하기도 한다.

게다가 어떤 프로젝트를 진행할 때에는 대부분 책정된 예산이 있고 정해진 공사기한이 있다. 예산과 기한에 맞게 일을 진행한다는 것은 사실 말처럼 쉬운 일이 아니다.

그러다 보면 기획 아이디어와 주장이 쉽게 꺾이거나 그 과정에서 누군가는 포기하려고 할 때도 있다. 이때 관계자들 모두를 포기하지 않게 하는 것이 리더의 역할이다. 이런 걸 생각해보면 청담 CGV를 만들 당시 나의 의견을 끝까지 신뢰해준 CJ 임원분들에게 지금도 너무 고맙다.

좋은 결과는 기술이든 디자인이든 끝까지 서로 좀 더 좋은 것을 만들고자 하는 의지와 열정의 싸움에서 나온다. 같은 방향을 바라보고 함께 뛰면서도 상처받는 사람들, 도태되는 사람들까지도 함께 껴안는 것이 리더의 역할임을 그때 알았다. 청담 CGV는 이렇듯 나름의 시대적 소명을 가진 사람들에 의해 탄생했다.

어느 지역이 유명 지역으로 부상하게 되면 가장 먼저 그곳에 들어서는 것이 영화관이다. 영화관이야말로 그곳의 미래가치를 높여주는 가장 중요한 콘텐츠이기 때문이다. 모든 기업에게 키 테넌트key tenant가 되는 것, 유동인구의 유입을 이끄는 것은 영화관이다. 영화관이 생기면서 그 지역은 아무 이유 없이 성장하기도 한다.

CGV가 대한민국 넘버원 영화관 브랜드가 되었다는 것은 지역 발전에도 크게 기여하고 있다는 점에서 의미가 크다. 식품, 패션 등 모든 상점을 하나의 지역 상권으로 연결하는 라이프스타일을 구축하고 있기 때문이다.

성공한 브랜드는 우리 사회에 이전에 없던 새로운 가치를 선물함으로써 또 다른 성장을 가능케 하는 소중한 자산이 된다. CGV 개관과 리노베이션 이후 수많은 지역이 변하고 수많은 사람의 라이프스타일이 변화했다. 그것이 바로 CGV라는 브랜드가 대한민국 사회에서 가지는 가치와 의미일 것이다.

내가 CJ그룹에 있을 때 만든 광고 중 가장 자랑스러운 것이 "문화를 만듭니다"라는 슬로건이 담긴 광고다. CJ그룹은 CGV를 비롯한 영화·콘텐츠 사업부터 식품사업까지 대중과 소통하며 라이프스타일을 만드는 기업이다. 나는 우리 사회의 모든 기업이 회사의 브랜드를 통해 새로운 문화를 만들어야 한다고 생각한다.

chapter 3

올리브영

주제 파악을 하라,
그것이 차별화 전략이다

"차별화의 제1원칙은 경쟁사와의 결별이다.
남을 의식하는 순간 비슷해진다.
나는 일을 할 때 브랜드와 나를 동일시한다.
그래서 나 자신을 아는 일은 매우 중요하다.
'나의 무엇을 팔 수 있을까'
장사란 나의 장점을 파는 일이다."

따라 하고 싶은 마음을
멈추는 것이 변화의 시작

브랜드를 리뉴얼할 때는 이미 정해져 있는 것이 많다. 바꿀 수 없는 것들이 가득 있는 상황에서 무엇부터 해야 할까. 나는 브랜드 일을 할 때 나와 브랜드를 동일시한다. 그래서 나 자신을 아는 일은 매우 중요하다.

내가 보는 나, 남이 보는 나, 남이 이렇게 봐줬으면 하는 나, 내가 발전시키고 싶은 나 등. 그 여러 개의 '나' 중에 나의 무엇을 팔 것인지를 찾아야 한다. 말하자면 주제 파악이다.

보통 열위에 있는 브랜드는 우위에 있는 브랜드를 좇아가려고 한다. 그런데 따라 하고 싶은 그 마음을 멈추는 것이 변화의 시작이다. 경쟁업체와의 차별화 전략은 우리 브랜드의 장점에 집중할 때 나온다.

올리브영OLIVE YOUNG은 1999년에 1호점을 오픈한 이래, 현재 1,300개 이상의 매장을 보유한 국내 최초이자 최대의 헬스&뷰티 스토어다.

올리브영 이전까지만 해도 화장품 브랜드들은 백화점이나 대리점에서 판매하거나 방문판매 형식으로 소비자들의 선택을 받았다. 명동에 가면 온갖 브랜드를 가져다놓고 판매하는 잡화점들도 있었다. 그 속에서 새로운 길을 개척한 것이 올리브영이다.

화장품과 의약품, 생활용품과 식품을 한 매장에서 판매하는 사업 모델은 사실 외국 브랜드를 벤치마킹한 것이다. 영국의 '부츠Boots', 홍콩의 '왓슨스Watsons', 일본의 '마츠모토기요시マツモトキヨシ'와 '돈키호테ドン・キホーテ' 같은 브랜드는 이미 외국에서 그들의 라이프스타일 일부로 자리매김하고 있었다.

당시 CJ에서는 이 모델을 한국식으로 변형했는데, 의약품보다는 화장품과 건강 관련 제품 위주로 구성했기 때문에 '드러그drug 없는' 한국형 드럭스토어drugstore가 만들어졌다.

올리브영이 처음 생겼을 때는 고전을 면치 못했다. 브랜드를 알리려면 사람들 눈에 많이 노출되어야 했기에 유동인구가 많은 번화가에 매장을 차렸는데, 그러다 보니 임대료 대비 수익이 나지 않았다.

초창기에는 화장품 판매권을 획득하기도 쉽지 않았다. 대부분 화장품은 대기업에서 만들어지고 그 기업이 가진 대규모 유통과 묶여 있다. 팔고 싶다고 다 팔 수 있는 게 아니다.

특히 유명 브랜드의 제품은 더더욱 판매권을 갖기 힘들다. 제품을 입점시키는 업체 입장에서 봐도 올리브영 형식의 매장은 업체 매출에 큰 도움이 되지 않는다. 무수한 상품이 놓여 있는 곳에서 자사 제품이 팔려봤자 고작 몇 개이기 때문이다.

외국 제품 수입도 쉽지 않다. 수입 의약품이나 수입 화장품에 대한 국내 판매 규정이 상당히 까다로운 편이어서, 아무리 제품군을 잘 갖춰보려고 해도 정작 할 수 있는 일이 별로 없었을 것이다.

내가 올리브영 리뉴얼을 맡은 건 2012년경이다. 당시 내가 하던 일이 CJ의 모든 브랜드 전략을 관리하는 것이었기 때문에, 올리브영도 지나칠 수가 없었다.

당시 올리브영의 문제는 정체성이 없다는 것이었다. 편의점인지, 약국인지 아니면 잡화점인지, 올리브영이 무엇을 파는 곳인지 명확하지 않았다.

게다가 롯데와 이마트에서 만든 비슷한 콘셉트의 매장들이 계속 늘어나는 상황이었다. 그들과 차별화할 전략이 필요한 시점이었다. 동네에 하나쯤 있는 그저 그런 잡화점으로 둘 것인지, 독보적인 편집숍이 될 것인지를 결정짓는 중요한 시기였다.

올리브영에서 판매하는 제품들은 대체로 중저가 브랜드로 구성되어 있다. 가격 부담은 없으면서도 한국인의 라이프스타일에 자연스럽게 스며들 수 있는 편집숍이 되려면 어떤 포지션을 취해야 할까. 내가 생각한 올리브영의 방향은 딱 하나였다.

올리브영에서 물건을 사는 일이 창피해서는 안 된다.

올리브영의 주요 타깃은 젊은 여성이다. 여성 타깃 비즈니스는 무조건 디자인 싸움이다. 잡화점이 갖는 '평범하고 저렴한' 이미지에서 탈피하기 위해서는 디자인 콘셉트부터 바꿔야 했다.

매장 비주얼을 혁신하기 위해 유명 건축가 마영범 선생님을 고문으로 모셨다. 간판 컬러부터 매장 인테리어, 고객의 동선을 고려한 제품 진열 방식까지 다 바꿨다. 올리브영 쇼핑백을 든 고객이 창피함을 느끼지 않게 하려면 포장지 디자인까지 공을 들이지 않을 수 없었다.

한 번 매장에 들어오면
나갈 수 없게 만들자

올리브영이 오늘날 글로벌 브랜드로서 자리매김하는 데 모멘텀이 된 건 명동에 오픈한 '플래그십 스토어flagship store'다. 올리브영 명동점은 건물 1~2층을 포함해 360평 규모의 국내 최대 매장이다. 처음엔 땅값 비싼 명동 한가운데에 대형 매장을 만들면 임대료 때문에 적자를 면치 못할 것이라는 회사의 우려가 컸다.

그런데 내 생각은 달랐다. 미샤, 더페이스샵 등이 줄지어 있는 화장품의 격전지 명동에서 '이것이 올리브영이다'라는 것을 제대로 보여주기 위해서는 그만큼의 공간이 확보되어야 했다. 대신 명동의 엄청난 유동인구를 매장으로 끌어들일 방법을 연구했다. 그것은 바로 공간 그 자체를 매력적으로 만드는 것이었다.

매장에 한 번 들어오면 절대 나갈 수 없게 만들자.

명동점의 콘셉트는 '여자들의 놀이터'로 정했다. 놀면서 쇼핑할 수 있는 '라이프스타일 체험 센터'인 셈이다. 체험과 체류가 리노베이션의 핵심 키워드였기 때문에, 고객의 체류 시간을 확보하기 위한 온갖 방법을 생각했다.

나는 올리브영을 독보적인 편집숍으로 만들기 위해
작은 쇼핑백, 포장지 하나에도 공을 들였다. 올리브영의
쇼핑백을 든 고객이 결코 창피해해선 안 된다고 생각했다.

매장 인테리어뿐 아니라 제품 진열 방식까지 전부 바꿨다.
사용하기 어려운 바디워시, 핸드크림 등도
테스트할 수 있는 새로운 공간을 만들었다.

우선 매장 내부를 여러 섹션으로 나누어 콘셉트가 뚜렷한 공간들을 만들었다. 호텔에나 있을 법한 욕조도 놓고, 구두를 닦을 수 있는 공간도 만들었다. 친구나 연인끼리 매장에 놀러와서 제품도 구경하고 사진도 찍을 수 있는 즐길 거리를 만든 것이다.

또 하나 야심 차게 준비한 건 '세면대'다. 이전에도 뷰티 제품들은 매장에 '샘플'을 갖춰놓았기 때문에 고객들이 직접 발라보거나 향을 맡는 건 가능했다. 그런데 비누나 바디워시는 손을 씻을 수가 없어서 선뜻 쓰기가 어려웠다.

이런 불편함을 해소하기 위해 바디워시, 핸드크림 등의 제품 옆에 세면대를 설치했다. 해당 제품을 살 계획이 없었어도 지나가다 괜히 손이라도 한 번 씻어보고, 씻은 김에 이것저것 발라보고 싶게 한 것이다.

향수 코너는 40여 개의 향수를 한 자리에 모아 와인처럼 테스팅할 수 있는 '퍼퓸 바'라는 콘셉트로, 시향에 최적화된 별도 캡슐을 설치해 밀폐된 공간에서 향을 충분히 느낄 수 있도록 만들었다.

또한 점점 성장하고 있는 남성 뷰티 시장을 겨냥해 '숍 인 숍 Shop in Shop' 형태의 섹션도 만들었다. 남성 라이프스타일 채널 XTM과 함께 그루밍, 패션, 헬스 등 경쟁력 있는 남성 브랜드 제품을 엄선했고, 조명이나 디스플레이도 또 다른 분위기를 느낄 수 있게 만들었다.

게다가 외국 관광객을 위해, 일본과 중화권 관광객이 선호하는 제품들을 모아놓은 'K-Beauty', 고급 헤드폰으로 최신 음악을 들을 수 있는 'K-POP', 외국인에게 인기 있는 음식 제품들을 모아놓은 'K-FOOD' 섹션도 구성했다.

2층에는 카페를 두었다. 사실 처음에 명동점을 기획할 때 나는 1~2층 전부를 올리브영으로 하고 싶었다. 그런데 회사에서는 올리브영은 1층만 쓰고 2층에는 투썸플레이스나 비비고 레스토랑 같은 매장을 두어야 임대료 부담이 줄어들 것이라고 했다.

라이프스타일 스토어라는 관점에서 CJ 계열의 카페나 레스토랑을 같이 운영하는 것도 틀린 말은 아니어서, 그럼 어떤 브랜드를 입점시켜야 할까 고민했다. 물론 비비고를 입점시킬 수도 있었지만 아무리 내가 만든 브랜드여도 올리브영과 결이 맞지 않은 브랜드를 넣을 수는 없었다.

이왕 식음료 매장을 넣을 거라면 서로 시너지가 나는 브랜드여야 하지 않을까?

그래서 입점시킨 것이 '투썸커피'다. 투썸커피Twosome Coffee는 내가 CJ에 입사한 후 새로 만든 브랜드다. 일반적인 두썸플레이스보다 진화된 형태로 커피 원두와 디저트의 퀄리티를 높인 브랜드였다. 당시에 배우 소지섭과 콜라보레이션한 압구정 매장이 인기가 많았다.

하지만 명동점은 외국 관광객이 많이 온다는 것이 큰 장점이었기 때문에, 중화권에서 큰 인기를 얻고 있던 슈퍼주니어 최시원의 '팝업스토어'를 새로 기획해서 넣었다. '최시원 카페'를 오고 싶어 하는 팬들이 많이 찾아와주어서 올리브영도 덩달아 장사가 잘됐다.

그때가 벌써 거의 10년 전이었으니 '경험 마케팅'이라는 단어가 생소할 때다. 다들 나보고 미쳤다고 했다. 땅값 비싼 명동 매장에 상품을 하나라도 더 진열하기는커녕, 왜 세면대 같은 걸 놓아 자리를 차지하게 두냐며 불만을 가진 사람도 많았다.

하지만 나는 올리브영이 사람들이 오고 싶은 곳으로 입소문이 나야 한다고 생각했다. 아무 생각 없이 들어왔다가도 이것저것 만져보고 체험하다 보면 자연스럽게 구매 욕구가 생기는 법이다. 공간을 리노베이션할 때는 고객의 체류 시간을 늘릴 방법을 구상하는 것만으로도 많은 아이디어가 나온다.

편집숍의 생존 전략
고도화된 큐레이션과 스피드

올리브영을 이야기할 때 빼놓을 수 없는 건 '큐레이션'이다. 각기 다른 물건을 모아놓고 판매하는 업종 특성상, 제품군을 선정하고 고객이 잘 찾을 수 있게 진열하는 것은 무엇보다 중요하다.

그런데 문제는 소비자들이 이미 한발 앞서 있다는 것이다. 입소문 난 국내 제품뿐 아니라 외국 여행 가면 꼭 사 오는 물건들까지 소비자들이 필요로 하는 건 이미 정해져 있었다. 따라서 우리에게 필요한 능력은 '스피드'였다.

올리브영을 가장 '핫'한 제품이 있는 곳으로 만들자.

도쿄 여행을 가서 돈키호테 같은 드러그스토어에 들르지 않은 사람이 있을까. 매우 드물 것이다. 생필품부터 의약품까지 '꼭 사야 하는 리스트'를 미리 적어가기도 하고, 하다못해 지인 선물을 사기 위해서라도 매장에 간다.

외국에서 한국 사람들이 많이 사는 제품들은 이미 상품으로서의 경쟁력을 갖추고 있는 것이므로, 어떻게든 국내에 빨리 들여올 방법을 찾았다. 시시각각 변하는 트렌드를 이해하고 빠르게 수입

해온 것이 올리브영만의 무기였다.

올리브영에서 판매하는 제품들은 믿고 살 수 있다는 인식도 높여야 했다. 당시 뷰티 컨설턴트들이 활약하기 시작할 때라 그들의 니즈를 파악하는 데 신경을 썼고, 소비자들이 꾸준히 찾는 제품에는 어떤 장점이 있는지도 분석하면서, 각 제품들을 어떻게 분류하고 진열할지도 끊임없이 연구했다.

또한 라이프스타일을 큐레이팅한다는 콘셉트를 부각하기 위해 뷰티 제품 외에 건강보조식품과 같은 헬스케어 제품을 엄선하는 데도 심혈을 기울였다.

다만 헬스&뷰티 스토어의 완전체형이 되려면 약국과의 협업이 필요한 상황이었는데, 우리나라 의약품 판매 규정상 실현 불가능한 것들이 많아 포기해야 하는 부분도 일부 있었다.

올리브영에 주기적으로 가는 사람이라면 매장 디스플레이가 자주 바뀌는 것을 알 것이다. 새롭고 즐거운 매장을 만드는 가장 강력한 방법은 신제품 소개다. 그러다 보면 디스플레이를 수시로 바꿀 수밖에 없다. 고객의 시선과 발길을 어디에 멈추게 할 것인지 공간이 가진 힘으로 보여주어야 하기 때문이다.

올리브영은 가만히 앉아 구경만 하는 유통의 장이 아니다. 소비자의 수요를 발 빠르게 찾아내야만 살아남는 유통 구조다. 트렌드의 흐름을 예민하게 파악해야 하는 건 기본 중의 기본이다. 사실 이런 구조에서는 일에서 재미를 느끼고, 일에 미쳐야 즐겁게 일할 수 있다.

올리브영은 이런 '경험 마케팅'과 '비주얼 마케팅'의 개선을 통해 괄목할 만한 성장을 보였고 지금도 국내 1위 자리를 지키고 있다. 여기에는 크리에이티브 디렉터로 비주얼 마케팅을 맡아준 마영범 선생님과 이 모든 콘셉트를 수용해준 올리브영 허민호 대표님의 공이 크다고 생각한다.

그들에겐 없고
우리에게 있는 것을 찾아라

CJ의 유통 브랜드는 올리브영 외에도 하나 더 있다. 홈쇼핑 브랜드인 CJ오쇼핑CJ O shopping이다. 현재 홈쇼핑 업계의 빅4는 GS, CJ, 롯데, 현대다. 지금 CJ오쇼핑은 잘하고 있지만 내가 CJ에 입사했을 때만 해도 지금의 CJ오쇼핑 같진 않았다. 어떻게든 돌파구가 필요한 상황이었다.

사실 우리나라에서 홈쇼핑을 처음 시작한 건 삼구그룹으로, 1995년 '39쇼핑'이 시초다. '채널번호 39번 삼구쇼핑'으로 승승

장구하다 불의의 사고로 영업을 할 수 없게 되자, 2000년 3월에 제일제당이 이것을 인수했다.

2년간은 39쇼핑 이름 그대로 운영했고, 2002년에 CJ홈쇼핑으로 이름을 한번 바꿨다. 그리고 2009년 CJ오쇼핑으로 사명을 바꾸면서 리뉴얼을 고민하게 된다. 이때 CJ는 타사 홈쇼핑처럼 프리미엄 제품을 판매하는 고급화 전략을 꿈꿨다.

그런데 그때만 해도 대중들의 인식은 'CJ=제일제당'이었다. CGV가 CJ그룹 계열이라는 것을 아는 사람도 별로 없던 시절이다. 지금은 CJ E&M의 브랜드 가치가 높아졌지만, 2010년만 해도 영화 부문 실적도 좋지 않았고, 케이블방송인 tvN에서도 제대로 된 콘텐츠를 만들지 못했다. 사람들이 느끼기에 CJ오쇼핑은 그저 식품회사 제일제당이 운영하는 홈쇼핑이었던 것이다.

합리적인 가격과 좋은 가성비를 자랑하는 제일제당의 이미지는 좋았지만, 럭셔리한 상품과 CJ오쇼핑은 어울리지 않았다. 특히 '럭셔리' 라인 제품은 아무리 잘 팔아보려고 해도 한계가 있었다.

반면 롯데나 현대는 오프라인 매장으로 백화점이 있어서 그 덕분에 고급스러운 이미지가 홈쇼핑으로 그대로 이어졌다. 비슷한 제품을 팔더라도 소비자가 느끼기에 롯데홈쇼핑이나 현대홈쇼핑은 실제 백화점 물건을 방송에서 파는 느낌이 드는 것이다. 심지어 GS마저도 옛날에는 LG백화점이 있었다.

경쟁사는 명품매장이 있는 백화점을 앞세워 럭셔리한 이미지를 내세우는데, 우리가 가진 오프라인 매장은 올리브영뿐 아닌가. 그럼 무엇으로 경쟁해야 할까? 우리가 가진 것 중에 무엇을 활용할 수 있을까? 우리는 있는데 그들은 없는 것, 바로 CJ 콘텐츠에 녹아 있는 연예인이었다. 그래서 결정했다.

우리는 연예인과 장사해야겠다.

이때 기획한 것이 CJ오쇼핑의 패션 전문 브랜드로 유명해진 '셀렙샵CelebShop'이다. 연예인 혹은 인플루언서들의 이름을 그 자체로 브랜딩해 콘텐츠를 기획했다. 한마디로 CJ오쇼핑 안에 고정 예능 코너를 하나 만든 것이다.

일단 총괄 디렉터가 필요했다. 우리나라 최고 스타일리스트가 스타일링을 제안하고 패션에 대해 조언해주는 채널이라면 홈쇼핑의 이미지가 단번에 바뀔 것으로 생각했다. 나는 정윤기에게 셀렙샵의 크리에이티브 디렉터를 제안했다.

정윤기는 대한민국 NO. 1 스타일리스트다. 김희애, 김혜수, 고소영, 전지현, 송혜교, 최지우, 이정재, 정우성, 고수, 이서진, 이승기 등 우리나라 최고 배우의 스타일링은 모두 정윤기 손에서 탄생했다.

그런데 당시 홈쇼핑이라는 플랫폼 자체의 이미지가 불특정 다수를 상대로 '저렴한 가격'을 앞세우는 유통이었기 때문에 처음에는 정윤기 스타일리스트가 완강하게 거절했다.

그래도 포기할 수가 없었다. 평소에 친한 사이였기 때문에 수시로 연락해서 설득했다. 언제까지 연예인 옷 입혀주는 코디네이터로 살 것이냐고, 정윤기라는 이름이 브랜드가 되지 않으면 결국 남 좋은 일만 시켜주게 될 것이라고. 설득에 설득을 거듭해 결국 승낙을 얻어냈다.

홈쇼핑의 패러다임을 바꾼
고정 편성

원래 홈쇼핑이라는 것은 전화로 물건을 주문해 살 수 있는 방송, 그 이상도 이하도 아니었다. 일반 방송처럼 고정 편성이 있을 수도 없었다. 냄비를 팔아야 하면 오전엔 냄비를 팔고, 너도나도 패딩을 입는 계절이면 모든 채널이 저녁에 패딩을 팔았다. 시청자 입장에서는 편성표를 보기 전까지 언제 무엇을 팔지 모르는 것이다.

나는 셀렙샵 자체를 브랜드화하고 싶었다. 그런데 유동적인 방송 포맷에 셀렙샵을 넣었다가는 이도 저도 안 될 것 같았다. 그래서 생각해낸 것이 고정 편성이다. 일반 TV프로그램처럼 셀렙샵 방송 시간을 정해놓는 것이다.

내 제안을 들은 CJ오쇼핑 측은 이게 무슨 말도 안 되는 제안이냐고 했다. 황금 시간대에 요즘 인기 있는 물건을 팔면 수익이 얼마나 날 텐데, 스타일리스트가 진행하는 고정 프로그램이 웬 말이며, 바지 하나에 30만 원이 넘는 옷을 누가 홈쇼핑에서 사느냐는 것이었다. 그도 그럴 것이 당시는 홈쇼핑에서 바지 3벌을 39,900원에 팔던 시절이었다.

기본적으로 모든 주장은 철저히 준비된 상태에서 해야 한다. 어떤 질문이 들어와도 답할 수 있어야 한다. 모든 주장에는 자신의 사유가 있어야 한다.

나는 셀렙샵만이 CJ오쇼핑을 살릴 길이라고 강력히 주장했다. 그리고 나의 준비된 설득 끝에 결국 셀렙샵을 론칭했다. 특정 시간이면 어김없이 스타일리스트 정윤기가 등장해 최신 패션 트렌드를 알려주고 스타일링 노하우를 소개했다.

배우 김성수, 권상우, 가수 비와 로얄디 계약을 하고 회보를 미리 촬영해 방송에 내보냈다. 말하자면 '셀럽 마케팅'의 시초인 셈인데, 이름 모를 외국인이나 일반 모델이 나와서 옷을 소개하던 시절에, 처음으로 연예인이 입은 옷을 판매한 것이다.

정윤기 이후 다음 프로젝트는 스타일리스트 한혜연이었다. '패션의 완성은 스타일이다'라는 슬로건을 가지고 한혜연, 디자이너 장민영과 함께 A+G라는 브랜드를 기획했다. A+G는 지금도 CJ오쇼핑에서 최고 매출을 기록하고 있다.

초창기 셀럽샵은 생소한 콘셉트 때문에 실적을 많이 내진 못했다. 하지만 그 생소한 콘셉트와 포맷이 오늘날 홈쇼핑의 패러다임을 바꿨다는 것에는 누구도 반론을 제기하지 못할 것이다.

지금은 모든 홈쇼핑에서 연예인 호스트들이 자신만의 BGM을 틀고 스타일리스트와 함께 상품을 판매한다. 주말이면 우리나라 톱 스타일리스트인 한혜연, 김우리와 셀럽 김호영이 같은 시간에 경쟁하곤 했다. 전화 주문 방송이던 홈쇼핑이 재미와 정보를 같이 제공하는 '쇼퍼테인먼트shopper entertainment'로 진화한 건 모두 셀럽샵 이후의 일이다.

사람들은 뭔가 새로운 것을 시도하는 것 자체를 '돈'과 연관하다 보니 두려워한다. 하지만 그렇게 겁내면 아무것도 할 수 없다. 전략적 마인드 없이 그냥 '한번 해보는 것'은 아무 의미가 없다.

일단 시작했다면, 그것도 수많은 반대를 무릅쓰고 하는 것이라면 아주 처절하게 해야 한다. 남이 안 한다는 것, 모두가 말리는 것을 내가 밀고 나갈 때의 리스크는 두 배가 된다. 그러니 실패했을 경우 다시 일어나는 법까지 생각하고 뛰어야 한다.

정치가형 리더와 혁명가형 리더의 차이

나는 누가 무슨 이야기를 하면, 그냥 "알았어" 하고 끝내지 않는다. 항상 더 이야기하게 만든다. "그래서 어떻게 됐는데? 왜 그런 생각을 했는데? 네가 볼 때 뭐가 이상한데?" 하도 집요하게 물어보니 나중에는 "아, 몰라" 하고 도망가는 친구도 있다.

오죽하면 어렸을 때 별명이 "좀 더 자세히 이야기해봐"였을까. 사람들은 내가 고집이 세서 남에게 잘 안 물어볼 것 같다고 하는데, 그렇지 않다. 이 상품이 어떤지, 안 산다면 왜 안 사려는 건지 등등, 내 생각에 확신이 들 때까지 끊임없이 물어본다.

어떻게 보면 이것도 소통의 과정인 것 같다. 사실 올리브영도 CJ오쇼핑도 각각의 계열사에서 그들 나름내로 열심히 하고 있던 일이다. 그렇듯 모두가 '우향우'를 하고 있을 때 갑자기 내가 '좌향좌'를 하자고 하니 왜 해야 하는지 동의를 못 하는 구성원들도 있었다.

대기업의 특성상 미션 하나가 떨어지면 몸을 사리는 사람들이 많다. 가능한 남들에게 비난받지 않으려고 일을 크게 벌이지 않는다. 시너지를 내기 위해 서로 다른 조직을 끌어들여 일하는 것을 두려워한다. 그리고 대부분 쉽게 포기한다.

특히 엘리트 집단이 모인 대기업의 임원은 그 기업의 파워를 본인들 것으로 착각하기 쉽다. 때로는 브랜드를 소비자에게 인식시키는 일보다 조직 구성원의 인식을 바꾸는 일이 더 어렵다.

사실 CJ에서 일할 때 나는 거의 혁명가에 가까웠다. 정치가형 리더는 정신적인 격려로 타성적인 습관을 바꾸자고 독려하는 데 그치지만, 혁명가형 리더는 충격요법으로 단시간에 판도와 분위기를 바꾸고 사고를 전환시키는 역할을 해야 한다.

나는 현대 고故 정주영 회장님이 자주 말씀하셨다는 "자네 해봤어?"라는 말과 그분의 도전정신을 좋아한다. 리더란 끌고 가는 사람이다. 끌고 가는 능력은 설득하는 힘에서 온다.

그들이 하고 싶어 하든, 아니면 할 수 없이 하든 같이 코워크 co-work를 해야지 혼자서는 끌고 나갈 수가 없다. 장사는 혼자 할 수 있어도 사업은 혼자 못 한다. 합의가 이루어진 상태에서 일하지 않으면 좋은 결과물은 절대로 나오지 않는다.

하지만 함께 소통하고 행동해서 만들어낸 결과물로 성취감을 나누는 것은, 단기간에 결과를 내야 하는 기업의 생리상 불가능한 과정일지도 모른다.

대기업에서 혁명가를 자처하다 보니 끊임없이 설득하다 적정선이 지나면 독선이 필요한 때도 있었다. 내가 구성원들과 합의를 이루었다고 생각하더라도 직원들은 강요로 받아들였을 것이다. 어쩌면 합의와 독선은 같은 단어인지도 모른다.

다만 혁명가로서 나의 역할은 구성원들이 새로운 도전을 많이 해보고 다양한 경험을 쌓도록 돕는 것이라고 생각한다. 그래야 그들이 리더가 되었을 때 대체 불가능한 자신만의 내공을 가질 수 있지 않을까. 안 되는 것을 되게 하는 법을 경험해본 사람과 그렇지 않은 사람의 미래는 단언컨대 완전히 다를 것이다.

the Galleria 갤러리아

chapter 4

갤러리아 백화점

특수와 독점을 무기로
VVIP 고객을
사로잡는 법

"대중보다 특정 소수를 공략하는
타깃 마케팅의 기본은 철저한 대접이다.
그들의 시간과 공간을 모두 배려하고
이성과 감성을 전부 충족시킬 수 있는
특별한 서비스만이 그들을 사로잡을 수 있다."

동네 슈퍼마켓이
명품 백화점이 된 이유

소수를 겨냥한 하이엔드high-end 마케팅 전략을 이야기할 때 아마
도 갤러리아 백화점(이하 갤러리아)을 빼놓을 수는 없을 것 같다.
압구정동에 있는 갤러리아 명품관은 VVIP를 위한 프리미엄 백화
점의 대명사다. 갤러리아가 지금과 같은 독자적인 콘셉트를 갖기
까지는 사실 많은 사연이 있다.

원래 갤러리아의 전신은 '한양쇼핑센터'다. 압구정동에 대규
모 한양아파트 단지가 들어설 때, 아파트 주민의 편리한 생활을
위해 복합상가를 같이 만든 것이다. 당시 한양쇼핑센터를 운영하
던 한양유통은 국내 슈퍼마켓 업계의 1위 회사였다.

갤러리아와 얼마 떨어지지 않은 곳에 있는 현대백화점 본점도 마찬가지다. 압구정 현대아파드 단지가 건설될 때 현대백화점 1호점도 같이 세워졌다. 그러다 보니 현대건설 임원들이 백화점을 운영했다. 백화점 경영 경험이 전혀 없던 사람들이 어떻게 갤러리아 본점과 현대백화점 본점을 성공시킨 것일까?

사실 두 백화점의 가장 큰 성공 요인은 '장소'에 있다. 갤러리아와 현대백화점 주변에 사는 사람들은 타 지역보다 상대적으로 소득 수준이 높고 트렌드에 민감하다.

그들의 욕구를 충족시키려면 백화점이 열심히 움직일 수밖에 없다. 한양아파트, 현대아파트 주민들이 지금의 갤러리아와 현대백화점의 상품 라인을 기획했다고 해도 과언이 아니다.

현재 갤러리아는 도로를 사이에 두고 건물 2개를 쓰고 있다. 하나는 1979년 한양그룹 계열의 한양유통이 지은 한양쇼핑센터 영동점(현재 갤러리아명품관 WEST), 또 하나는 1985년 들어선 의류 전문 쇼핑몰 파르코(현재 갤러리아명품관 EAST)다.

그런데 얼마 가지 않아 한양유통이 한국화약그룹(현재 한화그룹)에 인수된다. 새 주인이 된 한화는 1990년 한양쇼핑센터 영동점을 '갤러리아 생활관', 파르코를 '갤러리아 명품관'으로 이름을 바꾸고 백화점 사업을 본격화한다. 1999년에는 생활관을 '갤러리아 패션관'으로 명칭을 바꾸면서 프리미엄 전략을 더욱 강화한다.

갤러리아는 현대백화점보다도 공격적인 행보를 보였다. 처음부터 명품관이라는 콘셉트로 고급화 전략을 내세운 것이다. 에르메스, 샤넬, 루이비통을 국내 최초로 들여오고 하이엔드급 명품 브랜드만 모아놓은 명품관. 이는 국내에서는 처음 있는 일이었다.

그때는 명품 브랜드에 대한 인식이 지금처럼 높지도 않았고, 철 지난 상품을 저렴하게 파는 아울렛이 오히려 인기가 많던 시절이다. 갤러리아의 명품 백화점 선언은 대중보다 특정 소수를 공략하는 타깃 마케팅의 시초라고 볼 수 있다.

단추 디자이너에서
외식업계의 미다스 손으로

내가 갤러리아와 인연을 맺은 건 2004년이다. 당시 나는 외식업 및 컨설턴트 경력 15년차였다. 청담동과 압구정동 일대에 10개 이상의 레스토랑과 카페를 차례차례 성공시킨 컨설턴트로 꽤 유명했다. "압구정 트렌드를 알려면 노희영에게 물어라" 식의 기사도 나오곤 했었다.

앞서 이야기한 국내 최초의 정통 이탈리안 레스토랑 '바스타파스타(1989)', 최초의 한식 퓨전 레스토랑 '궁(1997)', 카테고리 전문 레스토랑의 바람을 몰고 온 면 전문점 '호면당(2002)', 느림의 미학을 공간과 음식으로 풀어낸 카페 '느리게 걷기(2003)', 슬로푸드와 로컬 푸드를 처음 알린 유기농 레스토랑 '마켓오(2003)' 뿐 아니라, 뉴욕 라이프스타일의 식음료 복합매장 '트라이베카(2004)', 정통 스테이크 전문점 '그릴H(2004)'까지 론칭하는 브랜드마다 새로운 트렌드 매뉴얼을 제시했다는 평가를 받고 있었다.

그러던 어느 날 친분이 있던 갤러리아 임원을 만났다. 갤러리아의 리모델링을 준비하고 있는데 지하 식품관을 어떻게 바꿔야 할지 고민이라는 이야기를 들었다.

명품관은 나름대로 잘 갖추어놓았지만, 갤러리아 지하 식품관은 별다른 특색이 없는 슈퍼마켓 수준으로 운영되고 있었고, 현대백화점 식품관에 비해서도 트렌드에 한참 못 미치는 상황이었기 때문이다.

나는 그 말을 듣자마자 말했다. "제가 해볼게요!" 사실 그분은 요즘 외식업계의 흐름이 어떤지 의견이나 들어볼까 하는 마음에 나를 만난 것인데, 적극적으로 어필하는 나를 보고 깜짝 놀랐을 것이다.

갤러리아의 모기업인 한화그룹과는 사실 예전부터 인연이 있었다. 외식 사업을 하기 전, 나는 원래 디자이너로 활동했었다. 1988년에 뉴욕 파슨스디자인스쿨Parsons School of Design을 졸업했는데, 패션 디자인을 공부한 건 예술가로서의 꿈이 있어서라기보다는 디자인과 관련된 사업을 하고 싶었기 때문이다.

그러다 보니 뉴욕에 있을 때부터 세계적인 디자이너들의 매장 위치, 인테리어, 상품 로케이션 등을 줄줄이 꿰고, 브랜드별 철학과 가격 정책 등 패션 트렌드를 늘 주시하면서 시장을 읽는 눈을 단련했다.

귀국한 후에는 국내 최초의 단추 디자이너로서 활동했다. 지춘희 선생님의 '미스지컬렉션'을 시작으로, 고故 하용수 선생님의 '베이직', 그 외에도 김영주, 진태옥, 신장경, 설윤형, 이광희 등 우리나라 하이패션 디자이너 선생님들의 브랜드 단추 디자인은 다 내가 맡아서 했다.

'쁘렝땅', '엘칸토', '무크', '에스콰이어' 등의 유명 패션 브랜드에 단추와 구두 장식, 액세서리 등을 만들어 납품했고, 특히 '한섬'은 론칭 초기부터 액세서리와 단추를 모두 내가 디자인하며 커리어를 쌓았다.

이후에는 '히노'라는 액세서리 브랜드를 론칭해 해외 수출도

나는 원래 파슨스디자인스쿨에서 패션을 전공한 디자이너다.
그래서 늘 패션 트렌드와 패션 시장을 주시했다.
이런 안목이 쌓여 갤러리아 식품관과 퍼스널 쇼퍼룸의
새로운 밑그림을 그릴 수 있게 되었다.

했고, 갤러리아에 '히노 콜렉션'이라는 첫 매장을 오픈해 개인 사업에서도 큰 성공을 거두었다.

디자이너였던 내가 외식 사업을 시작한 건 더 좋아하는 일을 하고 싶은 갈망이 있어서였다. 그래도 패션업계에 몸을 담았던 터라, 강남에서 외식 사업을 시작한 후에도 갤러리아는 늘 나의 관심 대상이었다. 상권과 고객층이 같아서 그곳 소비자들의 라이프스타일을 꾸준히 연구하고 있었다.

그러던 차에 갤러리아의 식품관 리뉴얼 계획을 들은 것이다. 남 이야기처럼 가만히 듣고 있을 수만은 없었다. 너무나 하고 싶은 일이었고, 이건 내가 가장 잘할 수 있는 일이었다.

국내 최초로 백화점 지하 식당가를
프리미엄 푸드 편집숍으로 만들다

당시 내가 느낀 갤러리아의 이미지는 반쪽짜리 명품관이었다. 바야흐로 백화점의 경쟁력은 식품관에 있다고 할 정도로 식품관의 존재가 중요해졌지만, 갤러리아의 식품관은 백화점의 콘셉트나 트렌드와는 동떨어진 별개의 공간이었다. 사과도 팔고 떡볶이도 파는 동네 슈퍼 수준이었다.

당시 사람들은 패션 제품은 갤러리아에서 사도, 식사는 현대 백화점 식품관에서 하고, 식료품 구입은 압구정동의 신사시장을 찾아서 해결했다. 같은 위치인데도 고객이 분산되는 기형적인 마켓을 형성하고 있었다.

　　갤러리아는 이번 리모델링을 통해 외관부터 인테리어까지 전면 개편할 계획이라고 했다. 명품관(고가)-패션관(중저가)으로 이원화되어 있던 콘셉트를 통일하고, 명품관 EAST(이스트)-명품관 WEST(웨스트)로 이름을 바꿔 국내 유일무이한 명품 전문 백화점으로 자리매김하겠다고 했다. 리모델링의 전체적인 방향을 들은 나는 이렇게 말했다.

　　옷이나 가방은 명품을 팔면서 음식은 왜 명품을 안 팔아요?

　　내가 구상한 갤러리아 WEST 식품관은 최고급 유명 맛집을 전부 모은 프리미엄 푸드 편집숍이었다. 지금은 백화점이나 대형 쇼핑몰이 다 이렇게 운영하니까 당연하게 들리겠지만, 그때만 해도 국내에는 이런 사례가 없었고 편집숍이라는 말도 없었다. 하지만 나는 당시 선진국의 사례를 보면서 백화점 경쟁력은 식품 분야에 달려 있다는 것을 알고 있었다.

나는 이 기획을 실현하기 위해 백화점 임원진을 대상으로 프레젠테이션을 열 번도 넘게 했다. 다들 왜 나에게 컨설팅을 받아야 하는지 이해가 안 간다는 눈치였다. 이미 인테리어 계획이 다 잡혀 있고 갤러리아의 전문 MD들이 있는데 외부 인사가 왜 필요하냐는 것이다.

적도 많고 반발도 많았지만 나는 그들을 설득하기 위해 내 아이디어와 사업화 전략을 끊임없이 설명했다. 나는 내가 하고 싶은 일, 내가 잘할 수 있는 일 앞에서는 자존심을 세우지 않는다.

자존심이란 내가 이 일을 맡아서 잘 성공시켜 나라는 것을 증명할 때 생기는 것이지, 누군가가 나를 거부할 때 마음이 상하는 건 진정한 자존심의 영역이 아니다. 그건 감정의 낭비일 뿐이다.

사업계획이 통과된 후에는 계약 전부터 이름난 식당들을 데려오기 위해 밤낮없이 동분서주하며 사장님들을 설득하러 다녔다. 이것 역시 보통 어려운 일이 아니었다.

백화점 지하에 대한민국 맛집을 다 모으겠다는 발상 자체가 낯선 것이었기 때문에, 사장님들은 '지금 여기서 장사 잘하고 있는데 왜 백화점에 들어가야 하는지 모르겠다'며 좀처럼 마음을 바꾸려고 하지 않았다.

설득에 설득을 거듭한 끝에, 인사동의 유명 한정식집부터 청담동의 고급 레스토랑까지 하나하나 채워 넣었다. 유명세를 치르고 있는 핫한 맛집은 팝업 스토어 형태로 입점시켜 트렌디함도 놓치지 않으려고 했다.

2005년, 그렇게 '고메 엠포리엄Gourmet Emporium'이라는 이름의 프리미엄 푸드코트가 오픈했다. 고메 엠포리엄은 국내 최초로 자신의 이름을 가진 식품관이다. 이로써 별 볼 일 없던 기존의 식품관이 말 그대로 미식가의 전당이자 새로운 식문화의 변화를 주도하는 곳으로 재탄생했다.

고메 엠포리엄은 2012년에 '고메이 494Gourmet 494'로 이름을 바꿔 지금도 운영되고 있다. 이름은 바뀌었지만 내가 처음 기획한 고급 명품 식품관의 이미지는 그대로 이어졌다고 볼 수 있다.

2020년 초에는 한남동에도 고메이 494가 진출했다. 갤러리아를 벗어나 그 자체로 브랜드가 되어 외부로 진출한 셈이다. 나는 이것이 브랜딩의 힘이라고 생각한다.

'고메이 494 한남'은 한남동의 고급주거단지 '나인원 한남'과 연결된 쇼핑몰로, 먹거리뿐 아니라 볼거리, 즐길거리까지 구성을 확장해 라이프스타일 플랫폼으로서 한 단계 더 진화했다.

고메이 494의 성공은 뿌듯하기가 이루 말할 수 없다. 내가 기획한 콘셉트가 15년이 지난 지금까지도 유지되고 더욱 진화되었다는 것에 보람을 느끼지 않을 수 없다.

주방의 기본은 위생,
공간의 한계를 극복한 아이디어

내가 갤러리아 일을 하고 싶었던 이유에는 사실 또 하나가 있다. 갤러리아 리모델링을 맡은 곳이 세계적인 건축가들이 소속된 네덜란드의 유엔스튜디오UN Studio였기 때문이다.

유엔스튜디오는 네덜란드 부부 건축가 벤 판 베르켈Ben van Berkel과 캐롤라인 보스Caroline Bos가 설립한 건축사무소로, 전 세계적으로 굵직한 건축 프로젝트를 맡아 업계에서 굉장히 유명한 건축가 그룹이었다.

갤러리아가 유엔스튜디오에 리모델링을 맡긴 것 자체가 깜짝 놀랄 일이었다. 미국이나 일본이 아닌 네덜란드 건축가가 한국에서 작업한다는 것은 당시로서는 파격적인 일이었다. 그만큼 갤러리아가 리모델링에 굉장한 공을 들이고 있었다는 이야기다.

Design by The Pavlik Design Team

갤러리아 WEST 식품관의 콘셉트는
'프리미엄 푸드 편집숍'이었다.
나는 갤러리아 백화점에 걸맞은 트렌디한 장소로
이곳을 재탄생시키고 싶었다.

고메 엠포리엄(2005년)

GOURMET 494
GALLERIA

고메이 494(2012년)

그렇게 리모델링한 갤러리아 WEST는 압구정동의 랜드마크가 되었다. 우선 디자인부터 압도적이다. 외벽 전면을 감싼 약 4천 개의 유리 디스크와 LED 조명이 밤낮으로 시시각각 변한다.

계절에 따른 패션의 변화에서 힌트를 얻어 갤러리아의 역동성을 표현한 것인데, 컴퓨터 프로그램과도 연결돼 있어서 수만 가지의 색상 조합이 가능하고, 영상을 투사하면 미디어파사드의 역할도 한다.

한 가지 재미있는 일화로, 벤 판 베르켈이 한국에 와서 직접 프레젠테이션을 한 적이 있다. 그런데 세계적인 건축가를 앞에 두고 쏟아진 사람들의 질문들이 고리타분하기 그지없었다.

기획 의도나 창조적 영감에 관해 물어볼 법도 한데, 유리 디스크의 수명은 어느 정도냐, 디스크 사이로 새의 분비물이나 벌레가 들어가면 전구를 어떻게 교체하느냐 등 전부 건물 관리 위주의 질문들뿐이었다.

하지만 벤 판 베르켈은 친절하게 하나하나 대답했다. 건물의 모든 재료가 내구성은 물론이고 기능성이나 가격 면에서도 매우 합리적으로 사용할 수 있는 소재라고 했다. 이때 리모델링한 건물은 15년이 지난 지금까지도 내구성이 좋기로 정평이 나 있다.

나는 그의 말을 듣는 것만으로도 너무 행복했다. 천재 예술가

와 같은 공간에서 함께한다는 사실에 가슴이 벅찼다. 얼마나 그에 대한 기억이 강렬했는지 그때 벤 판 베르켈의 옷차림까지도 기억이 선명하다. 유럽 디자이너와의 첫 프로젝트는 나에게는 멋진 기억으로 남아 있다.

갤러리아 명품관은 벤 판 베르켈이 전체적인 디렉팅을 했고, 고메 엠포리엄은 건축 및 인테리어 전문 회사로 명성이 높은 PDTThe Pavlik Design Team와 협업했다. 이분들과 함께 작업하면서 내가 활발하게 아이디어를 낸 영역은 한식에 대한 이해와 관련된 것들이다.

예를 들어 외국 푸드코트에서는 핫도그나 피자, 샌드위치를 주로 판매해 일회용 용기를 많이 쓰는 반면, 우리나라는 그렇지가 않다. 찌개나 국수 등을 먹다 보니 씻어야 하는 그릇이 많이 발생한다. 따라서 한식이 만들어지는 동선을 이해시키는 작업을 했다.

리뉴얼 전 갤러리아 식품관은 매장별로 음식 만드는 곳과 설거지하는 곳이 같이 붙어 있는 주방 형태였는데, 전 매장의 세척실을 한 군데로 몰아 사용하게 했다. 좁은 공간에서 음식도 만들고 설거지까지 하면 위생 상태가 엉망이 될 것이 뻔했고 고객들이 보기에도 좋지 않기 때문이다.

유통시 백화점은 부동산 인대업이나 마찬가지다. 평당 효율을 생각해서 작은 평수에 많은 점포를 입점시켜 최내한 수익을 많이 내려고 한다. 하지만 입점사 입장에서는 작은 평수에서 돈 벌기가 쉽지 않다.

25평짜리 아파트에 사는 신혼부부가 집들이를 한다면 초대인원은 10명이 적정할 것이다. 그런데 무리하게 30명을 초대하고 30인분의 손님 음식을 준비하려면 조리대가 모자라 도마를 바닥에 놓아야 한다. 주방이 작으니 바닥에 놓고 음식 재료를 썰 수밖에 없다.

이렇듯 공간의 한계를 넘어서는 순간, 위생의 문제가 따라온다. 그래서 고메 엠포리엄이 설계될 때 주방 공간을 최대한 확보하기 위해 노력했다.

공간은 '계층'이 아닌
'상황'에 따라 구획되어야 한다

공간을 디자인할 때 간과해서는 안 되는 부분이 있다. 구획을 어떻게 할 것이냐의 문제다. 오래전 이야기이긴 한데, 당시 강남 여성들은 현대백화점 압구정점 5층에 있는 레스토랑에서 지인을 마주치면 웃으면서 인사하지만, 지하 푸드코트에서 밥을 먹다가 지인을 마주치면 멋쩍어하며 창피해하곤 했다.

같은 백화점의 식당가인데도 5층은 부자들이 가고, 지하 식당가는 보통 사람이 가는 이미지가 있었기 때문이다. 그런데 공간이 그런 식으로 나뉘면 안 된다. 한 건물의 콘셉트는 타깃의 일관성이 있어야 한다.

굳이 지하와 지상을 나눈다면, 지하는 1층 정문이나 지하 주차장이 가까우니까 바쁜 사람들이 먹을 수 있는 패스트푸드나 테이크아웃 위주의 매장으로, 꼭대기 층은 느긋하게 밥 먹을 시간이 있는 사람들이 이용할 만한 레스토랑으로 구성해야 한다. 그 당시 내가 주장한 개념이 럭셔리 캐주얼 레스토랑이다.

상황에 따라 공간이 나뉘어야지 소득 수준이나 소비 계층으로 구분하는 것은 백화점의 브랜딩을 잘못하는 것이다. 그런 의미에서 고메 엠포리엄은 공간의 개념을 바꾸었다.

고메 엠포리엄의 성공 비결을 묻는다면 사실 딱히 할 말이 없다. 처음 시도해보는 거라 열심히 하는 방법밖에는 없었다. 그때 얼마나 공사현장을 드나들었는지 신발 굽이 완전히 닳아 없어졌을 정도였다.

나는 고급 음식점을 입점시키는 것에만 그치지 않고 명품 식품관이 갖춰야 할 작은 디테일까지도 전부 신경 썼다. 공급자 관점에서 바라보면 소비자가 갖는 특유의 예민성을 감지할 수 없으므로 나는 철저하게 고객 입장에서 생각했다.

예를 들어 식사 전에 손을 씻기 위해 백화점 안의 화장실을 빙 돌아 찾아가는 건 얼마나 번거로운 일인가. 그래서 푸드코트에 세면대를 배치했다. 비행 시 기내에서 주는 일회용 물도 비치했다. 하다못해 수저통 놓는 높이와 자리까지 고심하며 결정했다.

나는 어떤 아이디어가 떠오르면 우선 지독하게 자료 조사를 해서 실현 가능한 방법을 찾는다. 그리고 그렇게 해야 할 것 같은 느낌이 들면 무조건 밀어붙인다. 아이디어를 현실로 만들어내는 힘은 무모한 자신감에서 오는 게 아니라 철저한 추진력에서 오는 것이다.

그때 기획한 것 중에서 물론 실현되지 않은 것도 있다. 예로 김치 아이디어가 그렇다. 한식의 고급화된 모습을 보여주고자 한쪽에 김치 코너를 만들어 실제로 김칫독을 묻으려고 했었다.

이왕이면 냉장고 협찬도 받으면 좋을 것 같았다. 그때 LG를 찾아가서 자사 냉장고의 성능을 갤러리아에서 보여주는 게 어떻겠냐고 제안하기도 했다.

온도별로 김치가 어떻게 숙성되는지 보여주고, 그 김치를 단계별로 시식할 수 있게 하면 갤러리아도 LG도 서로 윈윈할 수 있지 않겠냐며 설득했는데, 대기업의 의사결정이 쉽지 않다 보니 아쉽게도 이 아이디어는 실현되지 않았다.

VVIP를 위한 하이엔드 마케팅 공식
시간과 공간을 모두 배려하라

고메 엠포리엄이 성공하자 나에게 지상 명품관의 컨설팅도 해보지 않겠냐는 제안이 왔다. 마다할 이유가 없었다. 압구정동과 청담동을 비롯한 강남 일대 상권에 대해서는 자신이 있었기 때문이다. 나는 이렇게 말했다.

부자들이 스스로 부자라고 하는 시대는 지났어요. 요즘 부자들은 프라이버시를 철저히 보호받으면서 보이지 않는 곳에서 알 만한 사람끼리 특별한 대접을 받길 원하거든요.

프리미엄 백화점으로서 갖춰야 할 기본은 상위 0.1% 고객들을 위한 철저한 차별화라고 생각했다. 그래서 고안한 것이 대한민

대한민국 최초의 퍼스널 쇼퍼룸을 기획했을 때, 나는 디자인에
각별히 신경 썼다. 유럽 명품 브랜드 회장이 와도 자랑스럽게
보여줄 수 있는 한국적인 고급스러움을 표현하고 싶었다.

국 최초의 퍼스널 쇼퍼룸PSR이다. 지금은 모든 백화점에 퍼스널 쇼퍼룸이 있지만 그때는 없었다.

미국의 고급 백화점 '버그도프 굿맨Bergdorf Goodman'에 이런 공간이 있는 것을 보고 언젠가 한국에도 생기면 좋지 않을까 늘 생각해왔었는데 지금이 바로 실현할 기회였다.

퍼스널 쇼퍼룸은 VVIP 고객을 위한 프라이빗 쇼핑 서비스다. 내가 원하는 백화점의 모든 제품을 내가 원하는 시간에, 나만을 위한 공간에서 편하게 둘러볼 수 있다.

갤러리아의 퍼스널 쇼퍼룸은 고객 전용 출입구와 엘리베이터가 별도로 있어 신변이 철저히 보호되고, 예약을 하면 밤 12시에도 이용할 수 있다. 백화점 영업시간 안에 방문할 수 없는 VVIP들을 위해 공간뿐 아니라 시간까지 배려했다.

퍼스널 쇼퍼룸의 디자인도 각별히 신경 썼다. 설계는 건축가 마영범 선생님이 맡고, 1대 디자인 컨설턴트는 스타일리스트 정윤기가 맡았다.

나는 에르메스나 루이비통 회장이 와도 당당히 보여줄 수 있는 한국적인 고급스러움을 표현하고 싶었다. 외국의 하이엔드급 명품은 보통 다 장인들이 만든다. 그런데 장인이라면 우리나라에도 얼마든지 많지 않은가. 마영범 선생님은 작은 소품부터 건설 자재까지 한국 최고의 장인들을 수소문해 아이템을 찾았다.

외국의 명품들과 디자인 경쟁을 할 수 있는 것은 한국적 아름 다움밖에 없다. 우리가 서양적인 아름다움으로 싸운다면 과연 프 랑스의 베르사유 궁전을 이길 수 있을까.

그런 이유로 입구에는 양민하 작가의 미디어 아트를 설치했 다. 추상적인 형태의 잉어가 실제로 헤엄치는 듯한 모습을 구현하 기 위해 전실 바닥에 움직임을 감지하는 센서를 설치하고, 엘리베 이터 안에는 완초 전승자이자 무형문화재 제29호 등메 장인 최헌 열 작가의 화문석으로 벽을 세웠다.

실내 바닥은 유럽 최고의 기술로 만든 동양적 디자인의 철망 을 깔고, 얇은 대나무 공예로 만든 방문과 단색화의 대가 김택상 작가, 자수예술가 최정인 작가의 작품으로 각 방에 기품을 더했 다. 또한 김익영 도예가의 큰 백자로 만든 도기 세면대까지 세계 어디에 내놓아도 손색 없는 공간을 완성했다.

요즘 코로나19로 고전을 겪는 매장이 많을 것이다. 영업을 중 단해야 하는 쇼핑몰이나 백화점도 있을 것이다. 그런데 갤러리아 백화점이나 '고메이 494 한남' 같은 특수 상권은 큰 영향을 받지 않는다. 고객층이 소수로 정확히 포지셔닝되어 있는 브랜드들은 타격을 덜 받는다.

갤러리아, 현대백화점, 롯데백화점 모두 명품 매장이 있지만, 백화점별로 취급하는 브랜드는 다르다. 롯데백화점은 로고 플레이가 강한 브랜드와 관광객을 대상으로 한 매스 마켓mass market 위주이고, 현대백화점은 고급스럽지만 안정적인 디자인의 브랜드를 취급한다.

반면, 갤러리아에는 초고가 하이엔드 명품과 전 세계 패션 시장을 선도하는 트렌디한 브랜드들이 입점되어 있다. 이런 갤러리아의 프리미엄 컬렉션 구성이 갤러리아의 자부심이자 정체성이다.

이런 전략은 일본이 상당히 앞서 있다. 2019년에 오픈한 시부야 스크램블스퀘어에만 있는 지방시 콜렉션, 파르코 백화점에만 있는 꼼데가르송 콜렉션 등 위치의 특색을 살려 브랜드마다 매장이 지역별로 특화되어 있다.

한번은 내가 꼼데가르송에서 예쁜 가방을 보고, 다음 날 조카를 사다 주려고 다른 백화점 꼼데가르송에 갔더니 매장 점원이 "우리 매장엔 그 가방이 없다"고 했다. 시부야 파르코에서만 판매하는 상품이라는 것이다.

바야흐로 경쟁의 흐름이 달라졌다. 이제 백화점 간의 경쟁이 아닌, 독집 싱품 간의 경쟁 시대가 된 것이다.

노희영식 크리에이티브 공식
세밀한 감각, 집요한 사유

불특정 다수의 호불호가 명확하지 않은 소비자를 상대하는 애매한 상권들은 점점 무너질 수밖에 없다. 그런 곳들은 온라인에 의해 대체될 것이다.

보통 고객 연령대에 맞춰 마케팅하기도 하는데, 나중에는 나이가 의미 없는 시대가 올 수도 있다. 그 사람의 라이프스타일 패턴 즉 취향이 소비를 결정하기 때문이다. 당연히 기업 입장에서는 고객을 분석하기가 더 어렵고 까다로워졌음은 물론이다.

마케팅은 불특정 다수보다 확실한 구매 의지가 있는 사람들을 타깃으로 두어야 한다. 괜히 멤버십을 운영하는 게 아니다. 마일리지 서비스가 없다면 누가 대한항공 비행기를 열심히 타겠는가. 자사 브랜드를 소비하는 고객에게 더 많은 이득을 주고 특별한 서비스와 확실한 대접을 해주는 것은 마케팅의 기본이다.

우리나라는 인구 대비 수요보다 공급이 많은 편이다. 브랜드가 넘치고 넘친다. 각자의 생존전략을 세우지 않으면 포스트 코로나 시대를 맞아 많은 브랜드가 정리될지도 모른다.

하지만 소수를 상대하는 마켓은 오히려 기회일 수도 있다. 자신이 가치를 두는 제품에 과감한 투자를 하는 포미For Me족은 점점 늘어나고 있다. 취향은 더욱 세분화됐지만 그만큼 충성심은 커졌다.

일방적인 마케팅이 통하는 시대는 끝났다. 소비자가 즐길 수 있는 장을 열어줄 뿐 선택을 강요해서는 안 된다. 그들이 선택할 수 있는 제품을 만들고, 충분히 만족해할 만한 서비스를 제공하는 것. 치열한 크리에이티브 싸움밖에는 방법이 없다. 사람들이 나에게 새로운 아이디어를 어디서 얻느냐는 질문을 많이 하는데, 그럴 때마다 나는 당당하게 얘기한다.

모든 창조는 모방에서 시작해서 재창조로 이어진다.

남의 것을 많이 보아야 아이디어가 생긴다. 갤러리아의 퍼스널 쇼퍼룸도 마찬가지다. 만약 내가 미국 백화점을 보지 않았다면, 설사 봤더라도 그것에 대해 예민하게 생각해보지 않았다면, 훗날 퍼스널 쇼퍼룸을 한국에 적용시킬 생각을 할 수 있었을까.

대부분은 모방을 부정적으로 보는데, 문제는 '그대로 베끼는 것'이지, 모방 그 자체가 나쁜 것이 아니다. 어차피 트렌드는 돌고 돈다. 중요한 건 나의 철학을 담아 어떻게 변형하고 완성도 있게 적용했느냐다. 그것이 성공의 요소다.

내공이 있으면 적용하는 방식이 달라진다. 디테일한 것까지 볼 줄 아는 세밀한 감각, 그 감각을 현실적인 아이디어로 만들어 내는 집요한 사유가 그 사람의 내공을 결정한다.

경험을 앞서는 아이디어는 실행이 어렵고,
사유하지 않는 감각은 행위일 뿐이다.

이것을 한마디로 표현하자면 성실성인 것 같다. 감각적인 사람이라면 성실하지 않아도 된다는 편견이 있는데, 감각적이기만 한 사람은 절대 크리에이티브한 사람이 될 수 없다.
감각에는 항상 성실성이 뒤따라야 한다. 자신의 생각을 끊임없이 의심하고 조사하고 확인하는 성실성이 뒷받침된 아이디어만이 재창조를 낳는다. 감각과 성실성이 정비례된 아이디어만이 세상을 놀라게 하는 법이다.

성실하게 보고 성실하게 생각하는 것은 당연히 피곤한 일이다. 그래도 나는 이것이 크리에이티브한 일을 하는 사람이 갖춰야 할 기본 자세라고 생각한다. 지금도 나는 이 기본을 지키려 노력하고 있다.

chapter 5

광해

마케팅의 시작은 제품이 기획되는 순간부터

"회사에서는 나의 마케팅 전략에 대해 뒷말이 많았다.
'어떻게 이렇게까지 하느냐'고 물어보는 사람도 있었다.
그럼에도 내가 끝까지 밀어붙인 이유는
나의 사리사욕을 위해서가 아니라
회사의 자존심을 걸고, 또 배우들의 이름을 걸고
시장에서 싸운다고 생각했기 때문이다."

'이전과 똑같이 하면 되겠지'
안일한 생각을 버려라

대한민국에서 아무도 나를 영화인으로 인정하지 않지만, 나는 분명 영화인이다. 더 솔직히 말하면, 영화인이라기보다 영화를 사랑하는 사람이다. 그만큼 영화에 대한 나의 애정은 남다르다.

기획자나 마케터에게 영화는 가장 좋은 '교과서'다. 좋은 영화를 만들려면 배우도 좋아야 하고, 연출이나 음악도 좋아야 한다. 또 그래픽이나 배우들이 입는 옷으로 시각적인 즐거움을 주는 경우도 있다. 영화는 만 원 정도의 비용으로 이 모든 것을 습득하고 관찰할 수 있는 아주 훌륭한 콘텐츠다.

광해

심지어 시나리오, 연출, 촬영 기법 등이 좋지 않더라도 시각적으로 볼 만한 부분은 반드시 있다. 그래서 나는 거의 모든 영화가 훌륭한 교과서라고 생각하며, 지금도 대한민국에서 개봉하는 영화는 웬만하면 다 보려고 한다.

우리나라 천만 관객 영화 중 내 손을 거친 영화가 세 편이다. 〈광해, 왕이 된 남자〉(이하 광해)와 〈명량〉, 그리고 〈국제시장〉이 천만 관객을 돌파했고, 〈설국열차〉도 935만 관객을 동원한 흥행 영화였다. 그중에서 〈광해〉 이야기를 해보려고 한다.

2009년 CJ엔터테인먼트는 〈해운대〉로 1,100만 관객을 동원하며 커다란 성공을 거두었다. 대한민국 재난 영화의 신호탄을 쏘아올린 〈해운대〉는 할리우드 수준의 CG 기술을 국내 순수 기술로 성공시킨 작품이다.

우리나라 사람들은 애국심이 강하다. 한국이 무언가 새로운 것을 만들었다고 하면 함께 열광한다. 〈해운대〉가 개봉하자 호응이 엄청났다. 우리나라도 드디어 외국처럼 블록버스터급 재난 영화를 만들 수 있다는 사실에 〈해운대〉를 높이 평가했다.

그런데 우리 공급자는 그것을 알아차리지 못하고 자만심에 빠졌다. 이후로도 '〈해운대〉처럼만 하면 되겠구나'라고 생각한 것이다.

〈해운대〉가 흥행하자 CJ엔터테인먼트는 대작 신드롬에 빠져 물 재난, 불 재난, 심지어 바이러스 재난까지 온갖 재난 영화들을 계속 기획했다. 하지만 모두 성적이 좋지 않았다. '〈해운대〉처럼만 하면 되겠구나' 하는 안일한 생각이 문제였다.

재난 영화는 화려한 CG로 눈길을 사로잡는 게 강점이지만, 반대로 스토리가 탄탄하지 않다는 약점이 있다. 게다가 영화에 나오는 각종 '재난'의 소재가 할리우드 영화와 비슷하다 보니, 관객들은 새로움을 느끼지 못했다. '또 비슷한 영화가 나왔구나' 하며 지루하게 생각했다.

〈마이웨이〉, 〈7광구〉, 〈R2B〉, 〈타워〉, 〈감기〉 같은 전쟁이나 재난 영화들이 줄줄이 참패하자 CJ그룹에서 영화 제작과 배급을 담당하는 CJ엔터테인먼트의 손실이 엄청났다. 작은 규모의 영화가 실패하면 몇십 억대 손실이지만, 재난 영화 같은 대작이 실패할 경우 몇백 억이 넘는 손실이 생긴다. 그런데 대작이 몇 편이나 연달아 실패했으니 상황이 얼마나 비참했겠는가.

영화 사업을 접어야 할지도 모르는 위험한 상황이었다. 당시 나는 CJ그룹에서 마케팅을 전반적으로 맡고 있었고, 영화 마케팅에도 종종 참여했었다. CJ엔터테인먼트가 휘청하는 이때, 나는 고민에 빠졌다. 어떻게 하면 내리막길을 걷고 있는 이 사업에 르

네상스를 일으킬 수 있을까.

당시까지 흥행 기록 1위는 〈왕의 남자〉였다. 〈왕의 남자〉는 작은 회사에서 저예산으로 만든 영화다. 배급과 영화관까지 가지고 있는 CJ그룹에서 만든 영화가 작은 회사에서 만든 영화보다 흥행하지 못한다는 것은 굉장히 자존심이 상하는 일이었다.

나는 CJ그룹의 자존심을 세울 수 있는 영화를 찾기 시작했고, 직접 시나리오들을 읽었다. 그때 유독 눈에 띄는 시나리오가 있었는데, 그것이 바로 〈광해〉였다.

마케팅은 늘
기획의 시작과 함께 출발하는 것

〈광해〉 시나리오를 다 읽는 데 채 1시간이 걸리지 않았다. 소설 〈왕자와 거지〉와 영화 〈철가면〉에서 접했던 익숙한 줄거리였지만, 주인공이 악명 높은 광해군이고 배경이 조선시대라는 점이 신선했다.

광해군은 왕위를 뺏긴 폭군이라는 이미지가 강하지만, 지금 전해지는 기록과 이야기만으로는 광해군이 실제로 어떤 인물이었을지 정확히 알 수 없다. 영화는 이런 부분에 착안해 광해군이라는 인물에 대한 편견을 깨고 그를 리더십과 인간미가 있는 사람으로 그려냈다. 그래서 홍보를 할 때도 이 점을 부각시키기로 했다.

대기업의 R&R은 대단히 치밀한 구조다. 영화를 만들 때, 개발은 R&D에서 하고 구체적 설정은 시나리오 팀에서 맡는다. 이렇게 영화 기획이 시작되면 다음으로 제작사와 미팅을 한다. CJ엔터테인먼트에서 기획하더라도 영화 제작은 제작사에서 담당하기 때문이다. 그리고 영화가 완성되어 시사회를 할 즈음에 마케팅을 준비한다.

하지만 〈광해〉는 이런 시스템으로 만들어지지 않았다. 나는 영화 기획 초반부터 마케팅 계획이 필요하다고 생각했다. 영화도 사업이기 때문에 마케팅이 승패를 결정짓는다. 영화가 아닌 다른 제품의 기획을 시작할 때도 나는 늘 마케팅을 염두에 둔다.

그러나 영화 업계 사람들에게 마케팅 담당자가 제작 단계부터 개입하는 것은 굉장히 생소한 일이다. 마케팅의 역할은 영화 제작이 끝난 후 도와주는 정도라고 생각하기 때문이다.

영화는 누가 뭐래도 예술 작품이고 감독의 콘텐츠다. 영화 제작 단계부터 상업적인 이야기가 나오는 것에 대해 영화 업계 사람들은 거북함을 느꼈을 것이다.

사실 할리우드는 투자자인 제작사 중심으로 움직인다. 할리우드에 비하면 우리나라 영화계는 예술성과 대중성 중 전자의 목소리에 더 손을 들어주는 편인 것 같다.

종종 영화 업계 사람들과 사업가들 간의 긴장 관계가 만들어지는데, 사실 이런 긴장 관계는 오늘날 한국 영화를 발전시킨 원동력이기도 하다. 예술성과 대중성, 어느 한쪽에 지나치게 치우치지 않게 되었으니 말이다.

혼자서는 절대로
빛날 수 없다

처음에 〈광해〉는 CJ엔터테인먼트에서 기획했지만, 제작은 다른 곳에서 진행하고 있던 영화였다. 이미 의상까지 제작해 준비하다가 어떤 곡절로 인해 좌초된 것이었다.

다시 우리가 〈광해〉를 제작하게 됐을 때, 나는 옷부터 다시 만들자고 했다. 영화에서는 인테리어나 패션도 굉장히 중요한 볼거리이기 때문이다.

그런데 이미 의상 제작이 끝났다고 했다. 게다가 이전에 타 제작사에서 진행할 때 의상을 포함한 다른 부분에 예산을 이미 사용했다고 했다. 참으로 곤란한 상황이었다. 그래서 나는 생각했다. 내가 어떤 부분에서 영화에 도움을 줄 수 있을까.

〈광해〉 제작팀에서 내가 제작에 개입하는 것을 이해해줬던 이유는 캐스팅 때문이었다. 당시 나는 CJ그룹 마케팅팀을 맡으며 광고 기획, 광고 모델 계약 등을 담당하고 있었기에 연예인들과 소통할 일이 많았다.

〈광해〉 제작팀은 〈추격자〉의 하정우 배우를 '광해군'으로 캐스팅하고 싶어 했다. 그래서 하정우 배우와 개인적인 친분이 있던 나에게 섭외를 부탁한 것이다. 나는 하정우 배우를 만나 출연을 제안했다. 하지만 그는 왕 역할을 하기에 자신은 아직 어린 것 같다고 했다. 지금은 자신의 나이에 맞는 연기를 하고 싶다고 했다.

캐스팅을 한참 고민하던 중 BH엔터테인먼트 손석우 대표에게 연락이 왔다. 손 대표는 자신의 소속사 배우인 이병헌을 추천했다. 그는 선한 모습과 악한 모습을 모두 연기할 수 있는 자타가 공인하는 훌륭한 배우였고, 이제는 연륜까지 더해져 사극에도 전혀 어색하지 않았다.

손 대표의 전화를 끊고 광해군의 용상 자리에 이병헌 배우가 앉아 있으면 어떨지 떠올렸다. 완벽하게 딱 맞는 모습이었다. 하지만 나의 선택에 순순히 동의할 리 없었다. CJ엔터테인먼트에서는 본인들의 영역인 캐스팅에 내가 관여하는 것에 크게 반대했다.

반면 손 대표는 열성적으로 출연 의지를 보였다. 당시 이병헌 배우가 미국에서 영화를 찍고 있었는데, 일주일에 한 번이라도 서울에 와서 촬영하겠다고까지 했다.

나는 이병헌 배우가 이 역할을 가장 잘할 거라고 확신했다. 그래서 회사의 반대를 무릅쓰고 "그냥 이병헌으로 갑시다"라고 통보해버렸다.

회사에서는 내가 너무 월권으로 밀고 나간다며 불만을 드러냈다. 하정우 배우에게 출연을 제안해달라고 한 것이지, 캐스팅의 결정권을 준 것이 아니라고 했다.

추창민 감독은 저예산 영화 〈그대를 사랑합니다〉를 흥행시킨 훌륭한 감독이었다. 한번은 추 감독을 만나러 갔는데 나를 불편해하는 눈치였다. 영화인도 아닌 사람이 영화에 깊숙이 관여하는 것이 달갑지 않았을 것이다.

그래서 나는 "절대 감독님 불편하게 안 할 테니 걱정하지 마세요"라며 안심시켰다. 아무리 CJ그룹 마케팅 담당자일지라도, 내가 지켜야 할 선은 분명히 있다. 감독에게 이 선은 분명히 지키겠다고 돌려 말한 것이다.

　이병헌 배우 캐스팅이 성사되고, 본격적인 촬영에 들어갔다. 나중에 이병헌 배우의 말을 들으니 추창민 감독은 완벽주의자로 한 컷을 30~50회에 걸쳐 찍기도 했다고 한다. 한 컷, 한 컷 마음에 들지 않으면 넘어가지 못하는 감독의 섬세함이 〈광해〉라는 걸작을 완성시킨 것이다.

　배우들의 열연으로 영화는 2012년 대종상영화제에서 남우주연상(이병헌), 남우조연상(류승룡)을 수상하는 쾌거를 이루었다. 또 뛰어난 연출력을 인정받아 2012년 대종상영화제에서 최우수작품상을, 2013년 백상예술대상에서 작품상과 감독상을 받기도 했다.

마케팅은 제품 하나가 아니라
회사 전체를 홍보하는 것

나는 〈광해〉의 첫 씬부터 마지막 씬까지 매일 보고받았다. 특히 영화에 나오는 상차림은 우리 팀에서 맡아 진행했는데 그중 내가 깊이 관여한 것이 바로 '팥죽 씬'이다. 팥죽은 또 다른 광해군 '하선'의 성격을 잘 드러내는 매우 중요한 미장센이다.

팥죽은 광해군의 연민 가득한 리더십, 배려 등을 보여주는 중요한 장치이기도 했다. 영화에서 광해군은 수라간 궁녀들이 배를 채울 수 있게 팥죽을 포함한 수라간 음식을 일부러 남긴다.

영화에 등장하는 팥죽은 실제로 우리 팀에서 만들었다. 나는 영화 제작이 끝난 후 〈광해〉의 사진을 넣어 팥죽을 상품으로 내놓았다. 팥죽뿐 아니라 CJ에서 판매하는 다른 음식에도 〈광해〉 사진을 사용했다.

한번은 이병헌 씨가 웃으면서 말했다. 마트에 갔더니 여기저기 자기 얼굴이 있다고. 사실 모델료를 따로 내지 않고 초상권을 그렇게 사용하면 안 된다. 하지만 나는 그 사진을 '이병헌'이라고 생각하지 말고 〈광해〉 포스터로 생각해야 한다고 했다. 그게 다 〈광해〉 홍보를 위한 것이고, 효과도 있다고 하니 그도 만족해했다.

회사에서는 이런 나의 마케팅 전략에 대해 뒷말도 많았다. '어떻게 이렇게까지 할 수 있냐'고 물어보는 사람도 있었다. 영화의 팥죽을 제품화하고, 거기에 배우 사진까지 넣는 것은 대기업에서 나오기 힘든 발상이기 때문이다.

설사 이렇게 생각했다 해도 대부분 결정적인 순간에 과감하지 못해 결과로 이어지지 못한다. 그럼에도 내가 끝까지 밀어붙일 수

광해군 8년,
모두가 꿈꿔온 또 한명의 왕이 있었다.

광해 왕이 된 남자

2012.09

이병헌 류승룡 한효주 감독 추창민

대부분 영화가 완성될 즈음부터 마케팅을 준비한다.
그러나 나는 <광해>의 제작 단계부터 마케팅을 기획했다.
그 덕분에 더욱 치밀한 마케팅이 가능했다.

있었던 이유는 '나의 사리사욕을 위해서가 아니라 회사의 자존심을 걸고, 또 배우들의 이름을 걸고 시장에서 싸운다'고 생각했기 때문이다.

나는 〈광해〉를 마케팅하는 동안 영화뿐 아니라 CJ그룹 전체를 마케팅하고 홍보한다고 생각했다. 그리고 지금도 CJ엔터테인먼트에서 만드는 모든 영화가 그래야 한다고 생각한다.

한번은 극장에서 CJ엔터테인먼트가 제작한 다른 영화를 보고 있었다. 그런데 타 기업의 카페가 나오는 것이 아닌가. 나는 바로 극장을 뛰쳐나와 마케팅 담당자에게 전화를 걸었다. 우리 회사에 카페도 있고 빵집도 있는데, 왜 엉뚱한 곳에서 촬영해 우리 브랜드를 홍보할 기회를 놓쳤냐며 혼을 냈다.

비록 금방 지나가는 짧은 장면이지만, 이것 또한 회사의 다른 브랜드를 알릴 수 있는 마케팅 수단이다. 기획이든 마케팅이든, 종합적으로 생각해야 한다.

나의 일은 제품 하나만 알리는 것이 아니다. 회사 전체를 홍보하고, 회사의 이미지를 만드는 것이 나의 일이다. 그리고 이것이 모든 콘텐츠 플랫폼 회사가 집중하고 있는 '미디어 커머스'다.

마케팅은 타이밍,
이슈를 찾아라

〈광해〉는 광해군을 대신해 왕의 자리에 앉은 '하선'이라는 인물의 리더십을 보여준다. 강한 카리스마로 신하들을 휘어잡는 것이 리더가 아니라, '연민'으로 백성을 사랑하는 것이 진짜 리더의 모습이라는 메시지를 담고 있다.

실제로 리더에게 가장 중요한 자질은 연민이다. 리더가 직원들을 대할 때 아무리 엄격하게 대하더라도 그 바탕에는 연민이 있어야 한다. 못되고 지독한 리더라 하더라도 연민이 있다면 그는 결국 다른 사람들에게 인정받는다. 반면 혼자만의 성공을 위해 아랫사람들을 혹사하는 리더는 끝까지 존경받지 못한다. 이것이 〈광해〉의 핵심 메시지다.

〈광해〉는 리더나 리더십에 목마른 사람들을 위한 영화였다. 영화가 개봉하는 2012년 9월은 마침 18대 대통령 선거를 3개월 앞둔 시점이었다. 그래서 나는 누구보다 먼저 대통령 후보자들에게 "진정한 리더의 모습을 담은 영화를 개봉하니, 보러 오세요"라고 각 당에 홍보했다.

CGV 여의도점에서 열린 광해 시사회 현장.
나는 <광해>를 마케팅하는 동안 영화뿐 아니라 CJ그룹 전체를
마케팅한다고 생각했다. 그래서 <광해>에 등장하는
팥죽을 상품으로 기획해 시장에 내놓기도 했다.

마케팅은 누가 그것을 회자시키느냐에 따라서 승패가 결정된다. 이슈메이커들이 영화를 관람하는 게 가장 효과적인데, 〈광해〉가 개봉한 시기는 선거철이었으니 정치인들이 모든 이슈를 선점하고 있었다. 당연히 그들에게 어필해야 했다.

영화 개봉일이나 상품 출시일을 미리 정해놓았다 하더라도, 이슈는 매 순간 변한다. 따라서 미리 준비할 수 있는 마케팅은 최대한 준비해놓되, 상황에 따라 새로운 마케팅을 시의적절하게 해야 한다. 특히 영화의 경우, 개봉 시기의 이슈를 잡는 것이 굉장히 중요하다. 다행히 〈광해〉는 그것이 잘 맞았다.

처음에는 박근혜 후보님이 오시기로 했는데, 당일 갑작스럽게 취소하고 다른 영화를 보러 가셨고, 다음 날에는 안철수 후보가 〈광해〉를 보셨다는 기사가 언론에 보도되기는 했지만, 이슈가 되진 않았다.

그리고 바로 며칠 후 문재인 후보님이 〈광해〉를 관람하러 오셨다. 후보님은 상당히 재미있었다고 했다. 다음 날, 후보님이 안경을 들고 눈물을 훔치는 장면이 신문 1면을 차지했다. 아마도 고인이 되신 노무현 대통령님을 생각하는 순간이었을 텐데, 이를 계기로 영화는 더 많은 사람에게 알려졌다.

그 이후 〈광해〉는 먼저 전라도 지역에서 붐이 일었다. 그리고 기업들 사이에서 리더십을 배울 수 있는 좋은 영화라고 소문이 났고, 그 외 여러 곳에서도 영화가 언급되었다.

〈광해〉의 성공 이후, 회사에서는 내가 영화 일을 하는 것에 대해 더는 말하지 못했다. 나의 '밀어붙이는 힘'이 1,200만 관객이라는 기록에 일조했기 때문이다. 그리고 영화 마케팅의 중요성을 깨달은 회사는 영화 제작 전에 시나리오를 나에게 가져다주기도 했다.

처음에 저예산으로 기획되었던 〈광해〉는 CJ엔터테인먼트의 손길로 완성되어 개봉하자마자 예매율 1위를 기록했다. 〈광해〉의 천만 관객 돌파라는 기록이 더욱 의미 있는 것은 4빅시즌(여름방학, 설날, 추석, 연말연시)이 아닌 비수기에 개봉했다는 점이다. 〈광해〉는 추석 3주 전에 개봉했는데, 추석 대작으로 기획된 타 영화들과 상대해 결국 기록을 만들어냈다.

영화의 완성도는 감독이 만드는 것이지만, 시나리오와 전체적인 그림은 CJ엔터테인먼트에서 만든 것이다. 〈광해〉는 이전의 대작 참패 릴레이를 깨고 CJ그룹의 저력을 보여주었다. 그야말로 CJ그룹의 명예를 회복시킨 작품이었다.

'노희영'이라는
리더의 모습

사람들은 나를 '마녀'라고 부른다. 차가운 말투와 매서운 표정에서 시작된 별명인 것 같다. 실제로 나는 가끔 같이 일하는 직원들에게 쓴소리도 하고, 냉정하게 굴기도 한다. 또 자나 깨나, 눈을 감으나 뜨나 매사에 너무 몰입하는 경향이 있어, 함께 일하는 직원들이 괴로워한다.

그럼에도 불구하고 내 주변에는 나와 오랜 시간을 함께한 직원들이 있다. 그리고 나와 함께 일했을 때가 가장 좋았다고 말하는 사람들도 있다.

사실상 전장에서 대원들을 이끄는 것이 나의 역할이다. 나는 고지가 보이면, 앞뒤 가리지 않고 대원들에게 '뛰어!'라고 외친다. 내 뒤를 따라오는 대원 중에는 총을 맞는 사람도 있고, 내 전략을 잘못 이해해 다른 쪽으로 갔다가 부상을 당하는 사람도 있다.

그때는 장군이 전장에서 대원들의 사소한 부상을 다 헤아리면 전진할 수 없다고 생각했다. 그리고 이런 나의 태도로 상처받은 직원이 많다는 것도 알고 있었다.

당시에는 나쁜 사람으로 보일 것을 감수하면서까지 더 강한 리더이고 싶었다. 하지만 지금은 그런 나의 행동이 후회된다. 직원들을 하나하나 세심하게 돌보지는 못하더라도 한마디 말이라도 따듯하게 했어야 했다.

이제는 달리다가 중간에 속도를 잠시 멈추더라도 뒤를 돌아보려고 한다. '부상당한 사람을 치료해줘라', '그쪽에 병력을 더 보내라'고 말하며 사람들을 살피려고 한다. 〈광해〉에서 팥죽을 양보하는 광해군의 '연민'처럼 말이다.

리더라면 사업에 총력을 기울여야 할 때를 제외하면, 늘 직원들을 살뜰히 보살피고 그들에게 '나는 너를 아끼고 사랑한다'는 표현을 충분히 해야 한다. 어렵고 힘든 상황에서도 직원이 '리더가 나를 신경 쓰고, 챙기고 있구나'라는 생각이 들게 해야 한다.

나에겐 이런 따듯한 부분이 많이 부족했고, 아직도 부족하다. 이제 와 생각하니 나의 옛 직원들에게 미안할 따름이다. '말 안 해도 알겠지'라고 생각한 것은 사실 나의 게으름이었다. 지금은 매번 머릿속으로 되새기고 직원들을 살펴보아야겠다고 다짐한다. 그리고 틈틈이 따듯한 말을 건네려고 노력한다.

직원들도 리더 때문에 괴롭겠지만, 리더도 직원을 어떻게 대해야 할지 어려울 때가 많다. 나는 그 해답으로 〈광해〉의 '연민'을 제시하고 싶다. 〈광해〉의 흥행 비밀은 사람들은 늘 광해군과 같은 리더십을 원한다는 데 있다.

자신을 사랑하고 아끼는 리더와 함께할 때, 직원들은 괴롭고 힘든 상황도 견뎌낸다. 그러니 직원들을 연민으로 돌보고, 자신의 마음을 표현하는 게 리더로서 가장 중요한 덕목이 아니겠는가.

chapter 6

명량

'어떤 상황에서도
할 수 있다'를
증명하는 것이 내 일이다

"〈명량〉 개봉일을 결정해야 했던 2014년 4월,
세월호 사건으로 나라가 슬픔에 잠겼다.
바다를 소재로 한 이 영화가
국민을 더 아프게 하진 않을까 고민했다.
하지만 영화의 겉모습이 아닌 메시지에 주목하기로 했다.
결국 〈명량〉은 1,700만 명이라는 흥행 기록을 세웠다."

세월호로 아픈 대한민국, 명량은 개봉할 수 있을까

관객 1,761만 5,686명, 역대 흥행 순위 1위를 기록한 〈명량〉은 매우 각별한 영화다. 한국 영화사에도 그렇고, 나 개인에게도 그렇다. 〈광해〉, 〈국제시장〉, 〈베를린〉, 〈설국열차〉, 〈R2B〉 등등 많은 CJ엔터테인먼트 대작 영화의 마케팅을 맡았지만, 〈명량〉처럼 개봉이 어려운 영화는 없었다.

영화 산업에서 가장 중요한 일 중 하나는 개봉 시기를 결정하는 것이다. 개봉일은 흥행과도 직결돼서 영화를 처음 기획할 때부터 그 규모에 맞추어 4빅시즌인 여름방학, 설날, 추석, 연말연시 중 언제 개봉할지 결정한다. 이 시즌에 개봉하는 영화는 대부분 제작비가 100억 이상 들어가는 대작이라 더욱 섬세하게 개봉 시기를 정한다.

〈명량〉은 애초에 7~8월 여름방학 시즌에 개봉하기로 한 영화였다. 영화 개봉일을 완전히 확정짓는 시기는 통상 4개월 정도 전인데, 〈명량〉의 개봉일을 확정하기로 한 것은 4월이었다.

그런데 바로 그때 가슴 아픈 사건으로 기록된 세월호 사건이 발생했다. 2014년 4월 16일, 세월호가 침몰하고 난 후 전 국민이 슬픔에 빠졌다. 모두가 자기 가족의 이야기처럼 가슴 아파했고, 나 역시 우울증을 앓을 지경이었다.

세월호 사건 이후 〈명량〉의 배급사인 CJ엔터테인먼트는 고민에 빠졌다. 영화의 배경이 되는 명량해전의 격전지 울돌목과 세월호의 침몰 지점이 바로 같은 진도의 바다이기 때문이다.

여러 가지 걱정이 이어졌다. 3개월 후 여름방학, 휴가 때 과연 관객들이 이 영화를 마음 편하게 볼 수 있을까? 이 영화가 세월호의 비극을 떠올리게 하는 건 아닐까? 이것이 정치적 논쟁거리가 되어 CJ가 공공의 적이 되는 것은 아닐까?

〈명량〉은 이순신 장군의 이야기를 콘텐츠로 만들겠다는 목표하에 CJ엔터테인먼트에서 야심 차게 준비한 작품이었다. 투자액도 상당했다. 그래서 7~8월 개봉을 놓치면 CJ엔터테인먼트의 연간 실적에 엄청난 피해가 발생할 수밖에 없었다.

투자비는 많은데 수익금이 없으니 당연한 일이다. 이런 대작이 개봉 시기를 놓쳐 그것이 고스란히 손익에 반영된다면, CJ엔터테인먼트 자체가 휘청거릴 수도 있는 상황이었다. 그러니 당시 CJ엔터테인먼트에서는 개봉을 고집했다.

하지만 CJ 지주사에서는 정치적, 사회적 문제로 절대 개봉하면 안 된다고 했다. 세월호 사건으로 나라가 흉흉한 이때, 우리까지 부채질하는 콘텐츠를 상영하면 안 된다는 것이었다. 양쪽 모두 맞는 말이었기에 〈명량〉의 개봉일은 더욱 불투명해졌다.

무조건 후퇴하는 것만이
해결 방법은 아니다

영화는 살아 있는 생물과도 같아서 신선도와 시기에 아주 민감한 산업이다. 상영에는 시즌과 사회 전반 이슈가 맞물려 영향을 미친다. 만약 개봉을 미룰 경우, 그 뒤로 개봉할 영화들이 열차처럼 늘어서 있어 다른 영화 사이를 비집고 들어가야만 하는데, 그것이 쉽지 않다.

CJ엔터테인먼트는 CGV와 함께 논의해 개봉을 1, 2년 단위로 미리 계획한다. 그런 이유로 개봉일을 늦추면 재개봉일을 치고 들어가기가 더더욱 힘들어진다.

고민 끝에 나는 일단 관계자들끼리 모여서 영화를 한번 보자고 제안했다. 아직 CG도 완성되지 않은 상태였지만, 영화 줄거리를 보면서 세월호가 연상되는지 아닌지 관객의 눈으로 평가해보자고 했다.

만약 영화를 보는 내내 세월호 생각이 난다면 절대 개봉하면 안 될 것이고, 세월호가 떠오르지 않을 정도로 시나리오와 연출에 몰입도가 있다면 개봉해도 될 것이다. 그래서 관계자 30명 정도가 모여 비장한 각오로 영화를 보았다.

영화는 내용도, 연출도, 배우들의 연기도 하나같이 나무랄 데가 없었다. 다들 시간 가는 줄 모르고 넋을 놓고 볼 정도였다. CG 없이 녹색 화면만 나오는데도 감탄이 절로 나왔다. 전쟁 장면을 너무 잘 찍어서 그 싸움의 현장이 진도인지, 동해인지 크게 신경 쓰이지도 않았다.

결론적으로 영화의 몰입도가 강해서 부수적인 것들은 그다지 문제될 것 같지 않았다. 이순신의 리더십과 가슴 절절한 애국심, 백성을 향한 진심이 진하게 전해져왔다. 정치적인 논쟁도 일어날 것 같지 않았다. 그럼에도 CJ엔터테인먼트 사람들과 나를 제외한 대부분의 리더들은 상영을 반대했다.

CJ엔터테인먼트 입장에서는 사활이 걸린 문제였지만, 나머지 관계자들은 시류를 이유로 모두 완강히 반대했다. 콘텐츠가 괜찮아도 일단 세월호의 '진도'가 배경인 명량해전이라는 설정 자체가 문제라는 것이다.

하지만 나는 그 설정조차 못 느낄 정도의 흡입력이 있다고 말했다. 영화는 배경이 아닌 스토리텔링으로 승부하는 것이기 때문에 이야기에 힘이 있으면 영화의 배경은 묻힌다고 했다.

그리고 개봉 시기까지 3개월 정도가 남았으니, 개봉 시점 상황은 지금과 달라질 수도 있다고 했다. 세월호 사건 자체가 리더십의 부재로 생긴 사태니, 우리 역사 속에서 정말 제대로 된 리더십을 대중이 보고 싶어 할 수도 있다고. 나는 그 자리에 있는 사람들에게 장담했다.

이것은 된다. 그러니 하자.

설득이라기보다 우기고 우겨 결국 〈명량〉의 7월 개봉이 확정되었다. 이 과정에서 나의 조그만 사심을 고백한다면, 나와 오리온에서 CJ로 함께 온 김성수 대표와 정태성 대표를 돕고자 하는 마음도 있었다.

CJ가 오리온의 온미디어를 인수할 당시 오리온의 장수로서 절대 CJ에 가지 않겠다던 김성수 대표와, 다시는 월급쟁이를 하지 않겠다던 정태성 대표를 설득해 각각 CJ E&M과 CJ엔터테인먼트 대표로 추천했다. 그들이 이미경 부회장님을 모시고 CJ E&M을 반석 위에 올려놓았으면 하는 바람이 있었다.

상영 전, 문제가 생길 수 있는 대사는 한 단어 한 단어 점검하고, 조금이라도 문제가 있을 것 같은 장면은 재편집했다. 사실 〈명량〉 첫 장면에서 이순신 장군이 "이 바다는 피를 부른다"라고 하는 대사가 있었다. 나는 이 장면은 수정해야 한다고 했다. 바다를 보면서 죽음을 연상시킬 수 있는 대사였기 때문이다.

이제야 하는 말이지만, 사실 콘텐츠 산업은 그 누구의 제약도 받으면 안 된다. 정치 성향, 오너 성향까지 눈치를 살펴야 한다면, 그 상상력은 제한되고 문화는 정체된다. 진짜 말도 안 되는 것까지 자유롭게 할 수 있어야 창의적인 작품들이 나오는 법이다. 그래야 그 나라의 문화가 발전한다.

CJ그룹은 그런 면에서 굉장한 이점을 갖는 회사다. 많은 사람이 이재현 회장님과 이미경 부회장님이 회사의 콘텐츠에 깊숙이 관여한다고 생각하는데, 사실은 그렇지 않다. 두 분이 방향을 제시하시는 것은 맞다. 하지만 회장님은 큰 그림을 그리고 사업적인 측면을 보고, 부회장님은 늘 업에 대한 로열티와 업에 맞는 핵심 역량을 키우는 것을 강조한다.

이 두 분은 우리나라 감독과 아티스트를 진심으로 사랑한다. 심지어 해외에 직접 영업까지 하시는데, 할리우드와 유럽 영화 관계자 중 부회장님에게 한국 영화 DVD를 받지 않은 사람이 없을 정도다. 심지어 CJ가 제작하지 않은 해외 영화 관계자들에게 DVD를 선물한다. 또 해외 영화 관계자와의 미팅에서 늘 한국 영화의 역량과 가능성을 이야기한다. 한국 감독, 배우, 가수들의 해외 진출도 아낌없이 지원한다.

많은 자금을 투자한 영화가 흥행에서 실패해 큰 손실을 보았을 때도 부회장님은 이렇게 말했다. "대한민국 5천만 인구를 타깃으로 손익을 따져 영화를 기획한다면, 우리나라 감독들은 블록버스터급 영화를 만들 수 없다. 중국이 아직 문화를 개방하지 않은 이때, 우리나라 감독들의 역량을 세계 수준에 맞게 키워야 하는 사명이 우리 CJ에 있다."

나는 확신한다. CJ가 없었다면 우리나라 영화 산업은 이렇게까지 발전할 수 없었을 것이라고. CJ엔터테인먼트에서 만든 〈기생충〉의 오스카 작품상 수상은 대한민국의 영화 역사를 새로 쓴 사건이다. 봉준호라는 뛰어난 감독과 이미경이라는 여성리더가 없었다면 불가능했을 것이다.

나는 열린 사고로 콘텐츠를 대하는 회장님과 부회장님에게서 사업에 대한 큰 그림부터 디테일을 완성하는 방법을 배웠다. 개인 과외수업을 받은 듯 그분들의 옆에서 하나하나 목도하고 경험하며 배웠다. 지금도 이것이 엄청난 행운이었다고 생각한다.

나의 카드뿐 아니라
상대의 카드도 읽어낸다

〈명량〉의 개봉이 미뤄질 뻔한 고비를 넘고 나니, 또 하나의 큰 산이 보였다. 당시 모든 영화인이 기대하던 〈군도〉가 같은 시기에 개봉하게 된 것이다.

개봉 시기와 함께 영화 마케팅에서 중요한 요소는 바로 '경쟁 영화'다. 극장에 같이 걸리는 영화가 무엇인지가 굉장히 중요하다. 경쟁 영화가 재미없어야 내 영화가 돋보이고, 경쟁 영화가 너무 재미있으면 내 영화는 밀릴 수밖에 없다. 그래서 경쟁 영화를 보고 개봉을 미룰 때도 있다.

오스카상 시상식을 보아도 마찬가지다. 경쟁 영화들의 작품성이 모두 좋으면 우열을 가리기 힘들다. 그래서 너무 좋은 영화인데도 상을 못 받는 경우가 생긴다. 반면 그렇게 특별한 것 같지 않은데 상을 받는 영화들도 있다. 경쟁 상대가 뛰어나지 않은 경우다.

〈군도〉의 윤종빈 감독은 이미 〈범죄와의 전쟁〉으로 공전의 히트를 친 감독이다. 〈범죄와의 전쟁〉은 원래 CJ엔터테인먼트에서 제작하려고 했다가 성사되지 못한 작품이었다.

이후 윤종빈 감독이 제작사를 옮겨 영화적 완성도와 재미까지 갖추어 엄청난 흥행을 이뤄낸 것이다. 영화에서 하정우 배우가 탕수육을 그렇게 맛깔나게 먹을 줄 누가 알았을까?

나는 CJ엔터테인먼트에서 윤종빈 감독을 놓친 것이 많이 아쉬웠다. 또한 개인적으로도 윤종빈 감독에게 차기작을 겨냥해 상당한 공을 들이고 있던 터라, 〈명량〉과 〈군도〉가 맞붙게 된 상황이 매우 안타까웠다.

〈범죄와의 전쟁〉 이후 윤종빈 감독이 야심 차게 만든 영화니, 〈군도〉의 작품성이나 연출은 뛰어날 게 뻔했다. 게다가 주인공이 강동원, 하정우가 아닌가. 젊은 여성들이 좋아하는 두 배우가 출연하니, '〈명량〉은 시작부터 고전하겠구나' 생각했다.

역시나 두 작품의 언론 시사회 결과는 엇갈렸다. 〈군도〉는 극찬을 받았고 〈명량〉은 그렇지 못했다. 개인적으로 내가 늘 의견을 구하는 영화계의 독보적 존재인 친구가 있는데, 그녀도 〈군도〉를 칭찬했다.

그런데 그녀의 호불호와 흥행 여부는 늘 반대였다. 사실 영화인이나 전문가들이 좋은 평을 한 영화가 흥행한 경우는 드문 편이다. 나는 작은 가능성도 놓치지 않고 〈명량〉에 기대를 걸고 있었다.

드디어 영화가 개봉했다. 놀랍게도 사람들의 반응은 뜨거웠다. 결국 천만 관객 돌파라는 기록을 세우고, 2014년 대종상영화제 최우수작품상, 청룡영화제 감독상을 수상했다.

〈명량〉의 김한민 감독은 〈최종병기 활〉로 이름을 알린 감독인데, 〈최종병기 활〉은 심플한 스토리에 뛰어난 연출을 더해 엄청난 흡입력을 보여준 영화다. 이런 김한민 감독의 연출력은 〈명량〉에서도 돋보였다.

김한민 감독은 '버젯팅budgeting'도 잘했다. 예산 분배를 뜻하는 버젯팅은 대작, 즉 예산이 많은 영화일수록 어렵다. 예산이 많으면 멋있게 찍으려고 돈을 초반에 쏟아붓기 마련이다. 그러다 나중에는 돈이 부족해지고, 그것이 고스란히 영화에 드러난다.

그리고 영화 흥행에는 배우들의 마음가짐도 중요하다. 이 또한 빠질 수 없는 성공 요인이라, 나는 되도록 배우들을 만나 이야기를 많이 들어보려고 노력했다.

만약 출연 배우가 "이번 영화 너무 힘들었어. 스태프랑 배우들끼리 서로 호흡도 안 맞고 엉망이야"라고 말하면 그 영화는 흥행이 쉽지 않다. 가끔 영화가 마음에 안 든다고 무대인사조차 가지 않는 배우들도 있는데, 배우가 자랑스러워하는 영화가 성공할 확률이 높다. 그래야 배우들 스스로 홍보도 열심히 하기 때문이다.

그런 면에서 〈명량〉은 배우들이 스스로 자부심을 갖고, 정말 열심히 홍보했던 영화다. 특히 배우 이정현은 영화에서 몇 장면 등장하지 않지만, 스스로 홍보대사를 자처하며 어디를 가든 〈명량〉 이야기만 했다.

배우 이정현은 정말 사랑할 수밖에 없는 캐릭터다. 가요대상과 여우주연상을 모두 석권한 뛰어난 아티스트인데다, 요즘은 요리 유튜버로도 활약하며 삶을 빛내고 있는 만능 엔터테이너다. 나는 〈명량〉에서의 이정현을 보며 오늘의 이정현이 있을 것임을 믿어 의심치 않았다.

또 최민식 배우의 연기도 대단했다. 용맹스러운 모습과 더불어 인간적 고뇌와 괴로움을 담은 리더 이순신의 모습에 다들 깊이 공감했다. 또 왜군 수장으로 등장한 류승룡 배우는 어려운 일본어 연기마저도 소화하며 압도적인 카리스마를 드러냈다.

영화 흥행이나 수상은 혼자 잘한다고 되는 게 아니다. 사회 분위기, 경쟁 영화, 배우들의 마음가짐이 모두 맞아떨어졌을 때 성공하는 것이다. 그래서 영화는 이 모든 부분에 섬세하게 접근해야 하는 '거대한 기획의 장'이다.

어떤 사람들은 영화 산업을 흔히 도박에 비유하기도 한다. 내 카드만 중요한 게 아니라 경쟁 영화가 어떤 영화인지, 언제 개봉할지 등 적의 카드도 중요하기 때문이다. 그만큼 예민해야 하고 남들이 하는 일을 빨리 파악해야 하는 것이 영화 일이다.

정확한 타깃을 설정하고
꼭 맞는 마케팅을 찾아낸다

힘들게 개봉한 〈명량〉은 어떻게 천만 영화가 되었을까? 영화 마케팅을 위해 나는 〈명량〉이 어떤 부분에서 관객들에게 호감을 살 수 있을지부터 분석했다.

먼저 〈명량〉이 관객들에게 역사를 알려주고, 올바른 역사의식을 심어줄 수 있는 영화라고 생각했다. 그래서 '역사'에 포커스를 맞췄다. CJ엔터테인먼트 홍보팀에서 수소문 끝에 설민석 강사를 섭외했다.

이후에 그는 MBC 〈무한도전〉 출연으로 더 유명해졌지만, 당시엔 학생들이나 역사를 좋아하는 사람들 사이에서 알음알음 알려진 강사였다. 이때 설민석 강사의 강의안을 선택한 것이 나였다는 것은 아무도 모를 것이다.

우리는 그에게 현장 시사회 이벤트로 사전 특강을 부탁했다. 이순신과 명량해전에 대해 자세히 모르는 사람들이 많고, 이순신과 원균의 관계나 이순신과 일본 장군의 에피소드 같은 것들을 영화에 다 담을 수 없었기 때문에 역사적인 배경 설명을 부탁했다.

개봉 후 설민석 강사가 여러 시사회에서 강연을 했고, 해설 영상과 인물 관계도까지 만들어 인터넷에 올리기도 했다. 설민석 강사의 설명 덕분에 대중들은 〈명량〉을 더 잘 이해하게 되었고, 설민석 강사도 그 영상으로 더욱 유명해졌다.

마케팅에서는 누가 그 제품을 가장 좋아할 것인지를 먼저 파악해야 한다. 〈명량〉은 어디까지나 전쟁과 군사들의 이야기이기 때문에 이번엔 '군인'의 측면으로 접근했다.

해군은 물론 우리나라의 모든 군인에게 이순신 장군은 완벽한 영웅이다. 나는 해군, 육군, 공군의 각 장군을 초대해서 시사회를 열었다. 영화를 보는 내내 이순신 장군에 빙의해 눈물을 흘리는 분도 있었다.

우리나라 군인은 60만 명 정도다. 장군들이 시사회를 통해 감동받으면 자연스레 부하 장교들에게 말할 것이다. 그것이 아래 사병들에게까지 이어지고, 그들이 휴가를 가서는 가족에게까지 전달되는 것이다. 말하자면 60만 명의 홍보위원이 생긴 셈이었다.

그다음으로는 여성이 보게 해야 한다. 남성보다는 여성이 자극받아야 홍보 효과가 크다. 얼마 전 인기 있었던 TV 프로그램 중 〈미스트롯〉과 〈미스터트롯〉이 있었는데, 그중에서도 〈미스터트롯〉이 훨씬 반응이 좋았다. 이 파급력은 당연히 엄마들에게서 나온 것이다. 그만큼 홍보 영역에서는 여성의 힘이 세다.

1,000만 명을 넘어 1,700만으로, 할 수 있다는 것을 증명하다

군인, 정치인, 여성들을 시작으로 청소년과 어르신들에 이르기까지 대한민국은 〈명량〉에 열광했다. 〈명량〉이 천만 관객을 돌파했을 때 CGV와 CJ엔터테인먼트 직원들은 광화문에 갔다. 그리고 사람들 없는 시간에 이순신 장군 동상에 절을 올렸다. 어떤 상황에서도 '할 수 있다'는 것을 증명하는 게 내 업이다. 그런데 그것이 증명되었으니, 그에 대한 감사였다.

그리고 관객 1,500만 명이 넘었을 때, 우리는 자만하고 축배를 드는 대신 '이 모든 영광을 관객들께 돌린다'는 감사의 메시지를 신문 전면광고를 통해 전달했다. 다음 전면광고 문구는 당시 〈조선일보〉 이한우 문화부장께서 직접 한 자 한 자 수정해가며 만들어주신 것이다.

이 광고를 본 많은 사람이 뿌듯해했다. 큰 아픔을 겪었던 국민에게 1,000만을 넘어 1,500만 영화라는 역사를 만들고, 그 기적을 만든 주체라는 자긍심을 심어준 것이다. 광고 이후 영화에 대한 열기는 한층 불타올랐고, 1,700만 관객을 기록하게 되었다.

국민의 뜨거운 사랑을 받은 〈명량〉은 대한민국 역대 흥행영화 순위에서 지금도 1위를 지키고 있다. 이런 결과가 나올 수 있었던 이유는 전 연령층이 좋아할 만한 내용이었기 때문이다.

사실 영화를 가장 많이 즐겨보는 연령대는 20~30대이지만, 20~30대만 공략해서는 천만 영화를 만들 수 없다. 즉 10대와

50~60대가 모두 공감할 수 있는 내용이어야 한다. 너무 어렵거나 예술적인 영화는 전 연령대가 보긴 어렵다.

〈명량〉 이후에도 〈극한직업〉(1,600만), 〈신과함께-죄와 벌〉(1,400만), 〈국제시장〉(1,400만), 〈베테랑〉(1,300만) 등 천만 관객이 넘는 영화들이 계속 등장했다.

대한민국 영화의 흥행은 한편으로는 기쁜 소식이지만, 한편으로는 씁쓸한 이야기다. 천만 영화가 자주 나오는 것을 바람직한 사회적 사인이라고 볼 수만은 없다. 5천만 국민의 20%가 한 영화를 본다는 것이 마냥 좋은 일이기만 할까?

영화 다양성 측면에서 보면 대한민국 영화는 상당히 부족하다. CJ엔터테인먼트에서 만든 콘텐츠는 CGV에서 밀어주고, 롯데엔터테인먼트에서 만든 콘텐츠는 롯데시네마에서 밀어준다. 즉 극장이 20개 관이라고 치면, 10개 관 이상은 자사에서 제작한 영화를 상영한다. 관객들은 외국의 예술영화나 독립영화를 볼 기회들을 잃고 있다.

관객이 영화를 선택할 폭은 자연스럽게 줄어들고, 영화는 흥행하기 쉬워졌다. 독과점으로 영화를 흥행시킨다는 것은 곧 작품성이 낮은 영화도 흥행할 수 있다는 뜻이다.

1,500만 관객이 넘었을 때, 신문에 전면광고를 실었다.
이 기념적인 영화를 국민과 함께 만들었다는
메세지를 전달하기 위해서다.

<명량>과 제일제면소의 콜라보레이션.
나는 하나의 브랜드를 미시적으로 보는 동시에
회사 브랜드들을 전체적으로 생각한다.
그래서 브랜드들이 함께 시너지가 날 수 있는 방법을 찾는다.

또 모든 연령이 좋아할 만한 스타일의 영화만 만들려고 하면 다양한 장르의 영화가 생겨날 수 없다. 천만 관객을 상대로 투자비를 역산하면 관객 등급을 어떻게든 '15세 이상'으로 맞출 수밖에 없다. 그러다 보니 식상한 신파 코드나 가족과 아이를 소재로 스토리를 구성하게 되는 것이다.

하지만 〈명량〉은 1,000만 관객을 겨냥한 신파가 아니다. 그럼에도 역대급 스코어를 기록했다. 2014년과 지금의 영화관 수는 엄청난 차이가 있음에도 아직까지 〈명량〉의 관객 스코어는 깨지지 않았다. 그것이 나의 자부심이기도 하다.

대한민국의 미래를 위해 극장에서는 다양한 영화를 내걸어야 한다. 자사에서 제작한 영화 위주로 상영하는 것이 아니라 잘 알려지지 않은 영화더라도 여러 영화를 상영해 관객들에게 선택권을 주어야 한다.

또 영화 제작에도 새로운 시도가 필요하다. 흥행을 목적으로 한 영화가 아니라 〈기생충〉처럼 새로운 이야기와 참신한 연출을 담은 영화들이 등장해야 한다. 오스카에서 〈기생충〉이 이룬 쾌거는 독창성으로 무장한 감독의 개성으로부터 비롯된 것이다. 이런 철학을 가진 리더들의 도약을 기대한다.

기회를 원한다면,
끊임없이 스스로를 어필해야 한다

마케팅은 'market+ing'이다. 모든 것의 해답이 지금의 시장에 있다는 말이다. 기획자, 마케터라면 늘 시장의 흐름을 관찰하고 그 변화를 예민하게 감지해야 한다.

지금의 현상을 보면 포스트 코로나 시대의 흐름도 알 수 있다. 당분간은 회식도, 모임도 어려울 것이다. 그렇다면 어떤 식으로 콘텐츠를 만들 것인지 가늠해야 한다. 이제는 누가 빨리 칼을 뺄 것이냐의 싸움이다. 분명 먼저 행동하는 자가 승리할 것이다.

〈명량〉 때도 마찬가지였지만, 될 만하다는 판단이 들면 재빨리 행동해야 한다. 그런데 결정할 때는 무엇보다 나의 개인적인 감정을 의심해야 한다. 정말 내 직관이 맞는지, 직관도 의심해야 한다.

많은 사람이 나의 성공이 직관 때문이라고 이야기하는데, 사실은 그렇지 않다. 남들보다 배로 노력하며, 직관보다 디테일을 관찰했기 때문에 가능했다. 물론 디테일은 한번에 알 수 있는 게 아니다. 면밀하게 지켜본 후에야 판단할 수 있다.

일부 젊은 사람들이 '노희영은 성공하기 쉬운 상황과 위치에 있지 않았냐, 우리는 그렇지 않다'고 할 수도 있다. 하지만 나의 기회는 내가 만든 것이지 나의 상황과 위치가 만든 것이 아니다. 기회는 누가 던져주는 것이 아니다. 기회를 원한다면, 끊임없이 시도하고 물고 늘어져야 한다.

요즘 젊은이들은 경험을 두려워한다. 스타트업으로 성공하는 무서운 젊은이들도 있는 반면, 도전을 포기해야만 하는 많은 이유를 검색한 후 스스로 포기하는 젊은이들도 많은 것 같다.

특히 안정적인 삶을 위해 공무원이 되거나 대기업에 입사한 젊은이들은 윗사람이 "그거 저번에 해봤는데 안 되더라. 하지 마" 하는 순간 마음을 접는다.

그래서 해봤자 안 될 것 같다고 혼자 단정하고, 다시는 도전하지 않는다. 솔직히 귀찮은 것도 있을 것이다. 하지만 "저번에는 이런 방식으로 했는데, 저는 새로운 방식으로 이렇게 해보려고요. 그래도 될까요?"라고 물어보고 대안을 찾는 노력도 필요하다.

요즘 조직은 예전처럼 수직적 분위기가 아니다. 일반 사원의 의견도 좋으면 얼마든지 채택될 수 있다. 포기하거나 해보지도 않고 그냥 주저앉지 마라. 열릴 때까지 두드려야 한다. 문 앞에 주저앉아 있기만 하면, 아무것도 변하지 않는다.

계속 두드리다 보면 '이렇게 두드렸더니 내 손만 아프구나.' '이렇게 두드렸더니 실패하는구나' 하고 깨닫게 된다. 이런 시간들이 축적되어야 결국 방법을 터득할 수 있다. '아! 이렇게 두드리니, 문이 열리는구나.' 하고 말이다.

기회는 누군가가 만들어주는 것이 아니다. 스스로 도전하며 만들어내는 것이다. "신에게는 열두 척의 배가 남았습니다"와 "내게는 겨우 열두 척의 배밖에 남지 않았습니다"라는 말은 얼마나 다른가. 그 말을 하는 자의 내면의 크기는 얼마나 다른가.

"내공이란 부딪치고 깨지며 얻는 깨달음,
그것들이 한 겹 한 겹 쌓여 만들어지는
자신만의 색이고 무늬다."

도전심 99, 모험심 0인 내가 일하는 방식

"80세 노인처럼, 때로는 3세 아이처럼"

예전에 우연히 성향 테스트를 한 적이 있다. 그런데 테스트 주최 측에서 내 결과를 보고 이 사람 도대체 누구냐고 물었다고 한다. 결과가 도전심 99%, 모험심은 0%에 가까운 것으로 나온 것이다.

도전하는 건 너무 좋아하는데 모험은 절대 하지 않고, 욕심은 엄청 많은데, 소심한 양극단의 성향을 지닌 사람, 그 이해 불가능한 영역의 사람이 바로 나다.

이런 모순적인 성향이 일하는 방식에서도 잘 드러나는 것 같다. 나는 변덕이 심하고 싫증도 잘 낸다. 그만큼 호기심도 많다. 그러다 보니 하고 싶은 일이 많다.

그렇다고 무턱대고 시작하고 싶지도 않고, 실패히기는 더더욱 싫다. 그럼 방법은 하나다. 가능한 한 최선을 다해 성공률을 높이는 방법을 찾는 것이다. 나는 항상 새로운 일에 앞서 그것이 내가 잘할 수 있는 일인지 아닌지 철저히 조사하고 판단하고 뛰어든다. 승산이 없는 싸움은 하지 않는다.

사주에서는 내 성향이 팔십 노인이 세 살 아이를 등에 업고 있는 형상이라고 하던데 맞는 말 같다. 진지하게 고심하다가도 방향이 정해지면 아이처럼 앞만 보고 달려나간다. 커다란 그릇처럼 포용력도 있지만, 수가 틀리면 아이처럼 떼를 부리기도 한다.

어떻게 보면 그동안 나는 운도 좋았고 감사한 기회가 찾아온 적도 참으로 많았다. 그래도 자부할 수 있는 건 어릴 때나 지금이나, 기업에서 일할 때나 내 사업을 할 때나 내 일이라면 노력을 절대 게을리하지 않았다는 것이다.

남이 시킨 일이라도 수동적으로 하지 않고 그 일을 내가 하고 싶은 일로 만들어나가려고 했다. 일 속에서 내가 즐길 수 있는 부분을 찾고, 몰입해서 일하는 것만큼 재밌는 건 없다.

열심히 부딪치고 돌아다니다 보면 그 과정에서 얻는 깨달음이 반드시 있다. 내공이란 그런 깨달음들이 한 겹 한 겹 쌓여 만들어지는 자신만의 색이고 무늬이다.

개인 역량을 올리는 절대 공식
"비평가가 아니라 전략가가 되어라"

일을 하다 보면 "이런 거 어때?"라고 의견을 내는 사람은 수도 없이 많다. 하지만 '하우투How to', 즉 일을 실현시킬 방법까지 아는 사람은 드물다.

"이거 안 될 것 같은데?"라며 비평할 줄 아는 사람은 많다. 그런데 그럼 어떻게 해야 하는지 대안을 내놓는 사람은 거의 없다. 하우투가 없는 의견은 아이디어가 아니라 공상이나 망상에 불과하다.

일을 할 때는 비평가가 되지 말고 전략가가 되어야 한다. 비평가는 이렇다 저렇다 말만 하는 사람이지만, 전략가는 상황에 맞는 하우투를 찾아가는 사람이다. 하우투는 일을 이해하려는 끊임없는 노력과 창의에서 나온다. 분석 없는 판단은 누구나 할 수 있다. 대안 없는 반대는 신의 완성품에 대해서도 비판할 수 있다. 일은 감이나 느낌으로 하는 것이 아니다.

요즘 들어 안타깝게 느끼는 건 20~30대 후배들이 "제가 회사에 희생당하는 것 같아요"라는 말을 할 때다. 이런 말을 들으면 마음이 너무 아프다. '회사가 나를 이용한다'고 생각하지 말고 '내가 회사를 이용한다'고 생각해야 한다.

　나는 마흔에 회사에 처음 입사했지만, 조직 생활을 하면서 엄청난 성장을 했다고 생각한다. 혼자 사업할 때는 몰랐던 것들을 오리온과 CJ에서 10년 동안 있으면서 정말 많이 배웠다. 특히 회사의 다양한 인프라를 활용해 모르는 분야는 새로 배우고 그것을 체화해 내 것으로 만들며 전략적으로 일하는 방법을 익혔다.

　월급을 많이 받고 승진하는 것만이 성장이 아니다. 역량을 기르는 것이 진정한 성장이다. "오늘은 회사의 인프라를 이용해 무엇을 내 것으로 만들까"를 생각하며 자신의 하루하루를 성장시켜가는 사람과 그렇지 않은 사람의 미래는 전혀 다를 것이다.

'최선'을 다하는 것의 기준
"비즈니스의 목적은 시장을 만족시키는 것"

열심히 일하는데도 성과가 나지 않아 고민하는 사람들이 많을 것이다. 문제는 일을 그냥 '열심히'만 해서 그렇다. '상대가 만족하도록 열심히' 해야 한다.

　나는 상대에게 최상의 만족도를 주고 싶은 마음 하나로 일한다. 말하자면 '칭찬받고 싶은 마음'이 내 일의 모티베이션인 셈이다. 상대가 상사든 고객이든 기준을 상대방에게 두어야 한다. 내 생각, 자기 기준으로만 일하는 사람은 성공률이 높지 않다.

일의 기준을 자기 자신에게 두면 '이 정도면 괜찮네', '이만하면 됐어'라는 얄팍한 잣대로 일을 마무리 짓고 만다. 그렇게 내놓은 결과물이 시장에서 통하지 않으면, 나름대로 최선을 다했는데 왜 사람들이 알아주지 않느냐며 속상해한다.

혹은 '내가 시장보다 너무 앞서갔다'는 식의 변명을 하며 반성하지 않는데, 시장을 앞선 것이나 뒤처진 것은 실상 같은 말이다. 고객에게 선택받지 못해 실패한 것은 매한가지이기 때문이다.

어떤 일을 처음 시작하면 나는 완벽한 바보가 되기로 결심한다. 모르는 것에 아는 체하지 않고, 필요한 공부에 절대 게으름을 피우지 않는다. 이런 성실함이 뒷받침되지 않았다면 지금의 나는 없었을 것이다.

비즈니스의 목적은 결국 시장을 만족시키는 것이다. 그러려면 항상 깨어 있어야 한다. 나 스스로가 현명한 소비자로 살아야 하고 사람들은 무엇을 원하는지 항상 고민해야 하고 사람들은 무엇에 감동하는지 늘 촉을 세우고 파악해야 한다.

내가 생각하는 '최선'이란 나의 한계를 넘을 때까지 노력해 철저히 준비한 후 겸손한 마음으로 소비자의 선택을 기다리는 것이다. 이런 최선만이 나의 제품에, 나의 컨텐츠에, 나의 브랜드에서 소비자를 감동시킬 수 있다.

마케팅은 다급함을 보이지 않으면서도 나의 매력이 자연스럽게 발산될 때 통하는 법이다. 연애로 비유하자면 '밀당'을 잘해야 소비자를 끌어당길 수 있다. 서로에게 매력을 잃지 않아야 한다. 그 답은 움직이는 시장에 있다. 현실에 안주하지 않고 '현재진행형 인간'으로 살아야 한다. 나 스스로가 'ing'여야 그 안에서 'play' 할 수 있다.

일의 밀도를 높이는 법

"리더의 의도를 파악하는 데 시간을 쏟아라"

조직에서 자기 주도적으로 일하는 게 쉬운 일은 아니다. 회사는 구성원이 주도적으로 일하기를 바라면서도 어쩔 수 없이 '우리 룰 안에서'라는 테두리를 씌운다. 또는 월권이나 R&R이라는 단어로 일하는 사람의 보폭을 좁히기도 한다.

조직의 뜻을 따르면서도 주도적으로 현명하게 일하려면 어떻게 해야 할까. 방법은 간단하다. 일을 지시한 사람의 의도를 정확히 파악한 후에 일을 추진하면 된다.

그 해법은 질문에 있다. 물론 상사에게 질문하는 것은 위험이 따른다. 나의 질문에 내 역량이 묻어나기 때문이다. 역량이 드러나는 것을 두려워하는 사람은 발전할 수 없다.

질문할 때 중요한 것은 태도와 자세. 질문하는 태도와 자세가 어떤지를 느끼는 건 주관적인 영역이기에 당연히 아랫사람의 노력이 더 필요하다.

예를 들어 회장님이 "달을 만들어와라"라고 지시했다고 치자. 리더는 늘 큰 그림을 생각하기 때문에 업무 지시가 추상적일 때가 많다. 그러면 나는 그 달이 보름달인지 초승달인지 일의 의도와 맥락을 확실히 파악한 후 일을 진행해 프로젝트를 한 번에 통과시키곤 했다.

그런데 대부분 기업 임원들은 "네! 달 만들겠습니다"라는 말만 하고 회의실을 나와서는, 회장님이 말씀하신 달이 보름달인지 반달인지 서로 묻기 시작한다. 그러다 가장 목소리 큰 사람이 우리 역량은 아직 크지 않으니 "일단 초승달로 만들어보자" 하면 무작정 일의 방향이 초승달로 정해지는 것이다.

우리나라 기업 문화에서 아쉬운 부분은 상사와의 토론이 금기 사항처럼 되어 있디는 점이다. '상사에게 대늘지 말아라', '반대 의견을 말하려거든 사표 쓸 각오해라'라는 식의 기업 분위기가 문제의 해결 방법을 찾는 데 걸림돌이 될 때도 있다.

그렇게 열심히 초승달을 준비해서 회장님께 보여드렸는데 반려될 때가 있다. 애초에 회장님이 생각한 달은 초승달이 아니었기 때문이다. 그런데도 직원들은 처음부터 일을 다시 해야 하니까 이 달이 초승달이어야만 하는 수십 가지 이유를 만들어 회장님을 설득한다.

도돌이표 같은 회의는 계속되고 일은 진척되지 않는다. 임원들도 지치고 회장님도 지치다 보면 결국 회장님의 큰 뜻이 좌절되고 만다. 그건 리더의 뜻을 포기하게 만드는 것이지, 리더를 설득한 것이 아니다.

이왕 시작한 일이라면 회장님 입에서 '바로 이거야!'라는 말이 단 한 번에 나올 수 있게끔 일하는 것, 나는 이것이 조직에서 생산적이면서도 밀도 있게 일하는 법이라고 생각한다. 그러기 위해서는 리더의 큰 뜻을 읽어내고 임원과 구성원 모두가 한마음으로 움직일 준비가 되어 있어야 한다.

탄탄한 조직은 어떻게 만들어지는가
"조직은 씨실과 날실의 결합이다"

대기업과 같은 큰 조직에는 비전을 제시하는 리더는 있어도 그 밑에 브랜드의 디테일을 챙기는 서브 리더가 있는 경우는 보기 드물다. 섬세하고 크리에이티브한 사람은 대기업에서 대체로 힘을 받지 못하기 때문이다.

리더라면 자신의 성향과 반대인 사람을 수하에 두어야 하는데, 보통은 리더들이 자신과 비슷한 사람들을 곁에 두려고 한다. 하지만 조직에서 앞으로 치고 나가는 사람과 밑에서 받쳐주는 사람의 균형은 매우 중요하다.

조직이라는 단어를 거꾸로 하면 직조다. 씨실과 날실이 촘촘하게 잘 엮여야 단단하고 질긴 천을 만들 수 있다. 이런 천은 올이 뜯기더라도 작은 구멍만 메우면 된다. 하지만 씨실만으로 수직적으로 나열된 실들은 천으로서의 구실을 하지 못한다.

기업의 조직도 마찬가지다. 위아래로만 소통하면 씨실과 날실이 제대로 작용하지 않는다. 좌우상하가 다 같이 통해야 하며 기업이라는 천을 튼튼하게 짜야 한다. 이것은 오리온에 다닐 때 상사였던 조경민 사장님의 말씀인데, 그때 큰 깨달음을 얻었다.

상하 관계만 있는 조직은 빨리 돌진할 수는 있어도 허점이 많이 생기기 마련이다. 스피드한 탑다운Top-down과 디테일을 관리하는 바텀업Bottom-up이 함께 소통하며 이루어져야 한다.

함께 일하는 것의 소중함

"팀워크, 무엇과도 바꿀 수 없는 가치"

그동안 많은 일을 해오면서 느낀 건 역시 '내 사람'이 중요하다는 사실이다. 부모님 세대는 인생에서 '내 사람'은 배우자여야 한다고도 하시는데, 나는 나와 발맞춰줄 '내 편, 내 팀'이 나에게는 내 인생에서 가장 소중하다.

30년 동안 그렇게 많은 브랜드를 어떻게 관리할 수 있었는지 물어보는 사람들이 많은데, 나를 믿고 따라주는 우리 팀이 없었으면 절대 해내지 못했을 것이다. 내가 '아' 하면 '어' 하면서 같이 뛰어준 사람들 덕분이다.

오랜 시간 같이 일하다 보면 언젠가 이들을 떠나보내야 하는 때도 온다. 다들 경력이 쌓여서 업계의 최전선에서 리더를 할 만한 친구들인데 내가 계속 데리고 있는 건 이기적이지 않은가. 아쉽더라도 그들이 더 성장할 수 있게 다른 회사로 보내줘야 한다.

각자 자신의 자리에서 훌륭하게 일을 해내고 있는 후배들을 볼 때면 그들이 자랑스럽기도 하고 뿌듯하기도 하다. 나와 함께 일한 경험들을 자양분 삼아 자신들이 원하는 일을 세상에 마음껏 펼쳐 보였으면 좋겠다.

가끔은 나에 대한 원망과 섭섭함이 섞인 목소리가 들려올 때가 있다. 나의 방식에 상처받은 후배들도 더러 있기 때문이다. 나는 공동의 목표를 이뤄내기 위해 총력을 다하고, 같이 일한 모든 동료에게 성공의 경험을 안겨주는 것이 내 임무라고 생각하며 앞만 보고 뛰는 사람이었다.

그런데 아무리 좋은 목표였고 좋은 성과를 만들었다 하더라도 돌이켜보면 그것이 전부는 아니라는 생각이 요즘 들곤 한다. 힘들어하거나 상처받은 친구들을 다독이면서 일하지 못한 것이 많이 후회된다.

괜찮은지 한마디 말이라도 해주면 좋았을 텐데, 어릴 때는 내가 그런 배려가 많이 부족했던 것 같다. 일에 파묻혀 바쁘게 지낼 땐 보이지 않던 것들이 이제야 서서히 보이는 것인지도 모르겠다.

내가 여전히 일을 하는 이유

"나는 나답게 진화하고 싶다"

나는 5년 후, 10년 후를 늘 생각하며 산다. 그러다 보니 입사지원자 면접을 볼 때 항상 하는 공식 질문이 있다. "5년 후 당신의 모습을 말해보세요."

이 질문에 대답을 못 하는 사람은 웬만하면 뽑지 않는다. 거창한 비전이나 목표를 확인하려는 것이 아니라, 자신의 인생에 대해 진지하게 생각하는 사람인지를 보기 위해서다.

얼마 전 개인 사업을 준비하고 있는 젊은 대표를 만난 적이 있다. 그 친구에게도 5년 후에는 어떤 일을 하며 살 것 같냐고 물었더니 대답이 아주 멋졌다. "5년 후에는 놀고먹으면서 살아야죠. 그게 제 꿈이에요."

멋지지 않은가. "5년 후엔 놀고먹겠다"도 꿈이 될 수 있다. 5년 후에 편하게 살려면 그만큼의 돈을 미리 벌어 놓아야 한다. 그 친구가 5년 동안 얼마나 치열하게 일할지가 눈에 선했다.

나의 5년 후는 어떤 모습일까. 사람들이 나에게도 이 질문을 많이 하는데, "5년 후에 이렇게 되어 있을 것 같다"는 것보다 "5년 후에는 이 일을 하고 싶다"가 먼저 떠오른다.

사람이 나이가 들면 그만큼 철이 들듯이 30~40대의 리더는 그들의 나이와 경험에 맞게, 50~60대의 리더도 그들의 경험과 나이에 맞게 스스로를 진화시킬 수 있어야 한다고 생각한다. 나 역시도 점점 나이가 들수록 내가 어떤 포지션에서, 어떤 일을 해야 할지 늘 생각하며 살고 있다.

내가 지금 관리하는 브랜드는 주주이자 고문 역할을 맡고 있는 세상의 모든 아침, 곳간, 사대부집 곳간, 프로미나드가 있고, 대표를 맡고 있는 삼거리푸줏간, 퍼스트+에이드, 평양일미, 쓰리버즈, 히노노리, 히노스 레시피가 있다. 그리고 개인 회사로 히노 컨설팅펌을 운영하고 있다.

최근 오픈한 히노노리를 끝으로 이제는 더 이상 식음 브랜드를 만들지 않겠다고 공표했는데 다들 믿지 않는 눈치다. '이러다 또 금새 새 브랜드 론칭했다며 연락하겠지'라고 생각하는 모양이다. 그래도 향후 몇 년 간은 지금 맡고 있는 브랜드들을 대한민국의 각 분야 최고의 자리로 올리는 데 전심전력을 다하고 싶다.

내 마지막 꿈은 실버 세대의 라이프스타일을 만드는 일이다. 이제 곧 실버 세대가 메인이 되는 시대가 올 텐데 아직은 우리나라가 시니어 산업에 취약한 편이라 새로 만들어보고 싶은 것들이 많다. 내가 살고 싶고, 살 수 있는 실버하우스를 기획하고 만드는 일을 꼭 하고 싶다. 그때가 되면 나도 실버 세대이므로 내 나이에 맞으면서도 내가 가장 잘할 수 있는 일이 아닐까 싶다.

어두운 장례 문화를 바꾸는 일도 해보고 싶다. 생의 마지막과 시작을 기억하러 납골당을 찾아오는 이들을 위해, 그들의 마음을 헤아린 아름다운 공간을 만들고 그곳에서 맛있는 밥 한 끼를 대접해드릴 수만 있다면 더할 나위가 없을 것 같다.

내 이메일 주소에는 2033이라는 네 자리 숫자가 있다. 2033년은 내가 70세가 되는 해다. 2033년까지는 현역에서 일하겠다는 마음으로 만든 주소다. 물론 그때까지 일할 수 있을지 없을지는 모를 일이다. 그래도 아직 하고 싶은 일은 많다. 나는 죽을 때까지 나답게 진화하고 싶다.

[Thanks to]

노희영과 함께 일한다는 것은 빠른 속도, 인내심, 전문성 그리고 완벽함을 추구해야 한다는 의미다. 그래서인지 나와 일하는 것에 질려 일찌감치 도망가는 사람이 많았다. 하지만 일등 브랜드가 만들어지는 과정과 결과에 중독되어 나와 함께 청춘을 보낸 사람들도 있다. 바로 오리온, CJ부터 식음연구소까지 따로 또 같이 20년을 함께한 '노희영 패밀리'다.

히노 컨설팅펌부터 지금까지 든든하게 내 곁을 지키고 있는 콘셉트 기획과 PT의 달인 황경아 이사, 내가 OK라고 할 때까지 밤을 지새우며 마켓오부터 평양일미까지 모든 브랜드의 메뉴를 만든 레전드 R&D 김용환 셰프, 식음연구소의 브랜드들을 성공시킨 한성혜 팀장, 마켓오는 물론 미국 비비고, 런던 비비고, 방콕 삼거리푸줏간 등 전 세계 모든 브랜드의 상품을 기획하며 나와 가장 많은 시간을 보낸 김우선 상무, 전 세계를 함께 다니며 마켓오에 미쳐서 브랜드 아이덴티티를 같이 만들어준 길정민 대표, 비비고를 시작으로 뚜레쥬르, CGV, 올리브영 등 수많은 브랜드와 식음연구소의 브랜드까지 우리 회사에서 실질적인 CD 역할을 하며 이 책의 감수도 맡아준 박현철 대표, 지금은 하나님 나라에 있지만 내 인생 최고의 부하직원이었던 김지선 상무까지, 이들이 없었다면 이 책의 브랜드들은 태어나지 못했을 것이다.

또 내가 기획한 모든 공간의 스타일링과 디자인을 감수했고, 20년간 직장에서 가장 많은 곳을 출장 가고 수많은 공간을 함께 만든 나의 베스트 프렌드 김계연 대표, 나와 가장 많이 일한 감성 공간의 대가 마영범 고문님, 주거와 Farm 건축의 대가 최시형 선생님 이외에도 전시형, 민경식, 안경두 이현호 교수님과 내 프로젝트라면 어떤 조건이든 무엇이든 함께 해주는 유창성, 신승용 그리고 이번 첫 프로젝트를 함께한 호스팅 하우스에도 감사를 전한다.

오리온부터 모든 브랜드의 사진을 담당한 이주희 실장, 제일화원 문영주 실장은 20년을 함께해온 대한민국 최고의 프로들이다. 지금도 제작에 어려움이 생기면 바로 전화하는 오리온의 맥가이버 김유일과 CJ의 양정종, 제2의 맥가이버로 성장할 박창진의 역할도 잊지 못할 것이다.

작은 마켓오를 인수해 오리온에 나를 스카웃 해준 죽장연 대표 정연태, 예산과 자금 집행을 할 때 나를 가장 많이 말려준 윤영혁과 안상현, 그리고 오늘날의 브랜드들을 영업해준 윤용선, 김성훈, 김영찬, 박세열, 배은진 그리고 툴툴거리면서도 지금까지 나와 함께하는 영업 박천규 이사, 조우진 본부장, 이서원의 수고에 감사한다.

마켓오에서 만나 CJ까지 함께하며 수많은 불후의 광고를 만들고 브전팀을 이끌어준 윤익준과 김윤전, CJ 퇴사 후 더 많이 논의하는 오진욱 대표, 내 인생의 애틋한 인연이자 현명하고 전략적인 권진영 대표, 우리 군단인 패션피플 선희, 선한 수경, 침착 정애, 철없는 나리가 있어 늘 든든하다. 그리고 노희영 브랜드 2막을 함께할 파트너 ㈜넥스트에이드와 ㈜비엔어스, ㈜식음연구소의 모든 직원과 나의 서포터즈 박광원과 이유나에게도 고맙다.

무엇보다 그 어떤 상황이 닥쳐도 즐겁게 일할 기회를 주시는 하나님께 감사드린다. 오래 살지 못할 것이라는 의사의 소견에도 지극정성으로 간호해 오늘날의 나를 있게 해준 우리 엄마, 어떤 상황에서도 내 편인 동생, 나의 분신인 조카 지민이와 지원이 그리고 사랑하는 우리 가족들이 있어서 어떤 시련이 닥쳐도 버틸 수 있었다.

나의 단점만 드러내 나를 안 좋게 평가하는 사람들과 내가 무엇을 해도 이해하고 인정해주는 나의 응원군들이 모두 있었기에 오늘날의 노희영이 존재할 수 있었다. 두 존재가 공존하고 또 대립했기에 나는 늘 긴장하고 발전하기 위해 노력했다. 결국 나를 비판하는 사람도, 지지하는 사람도 모두 내 인생의 원동력이 되었다. 이 모든 사람이 없었다면, 이 많은 일을 결코 해내지 못했을 것이다. 이 기회를 빌어 감사하고 사랑한다는 말을 꼭 전하고 싶다.